?! 歴史漫画《れきしまんが》 タイムワープ シリーズ 通史編《つうしへん》 14

戦後《せんご》へタイムワープ

マンガ：もとじろう／ストーリー：チーム・ガリレオ／監修《かんしゅう》：河合《かわい》 敦《あつし》

はじめに

1945（昭和《しょうわ》20）年《ねん》8月《がつ》、アジアや太平洋《たいへいよう》の島々《しまじま》で長年《ながねん》にわたって戦《たたか》い続《つづ》けてきた戦争《せんそう》に、日本《にほん》は敗《やぶ》れました。こののち、日本《にほん》は民主的《みんしゅてき》な国《くに》へと新《あたら》しい道《みち》を歩《あゆ》み始《はじ》めました。

戦後《せんご》について、学校《がっこう》の授業《じゅぎょう》では、戦争《せんそう》に敗《やぶ》れ、焼《や》け野原《のはら》となった日本《にほん》が見事《みごと》に復興《ふっこう》して経済大国《けいざいたいこく》となったことや、その一方《いっぽう》で深刻《しんこく》な公害《こうがい》が起《お》こったことなど、現代《げんだい》の日本《にほん》が抱《かか》えるさまざまな問題《もんだい》についても学習《がくしゅう》します。

今回《こんかい》のマンガでは、ハルトとタクミの兄弟《きょうだい》が謎《なぞ》の怪人《かいじん》によって、終戦直《しゅうせんちょく》後《ご》の日本《にほん》にタイムワープさせられてしまいます。ふたりは、そこで戦後《せんご》の混乱期《こんらんき》をたくましく生《い》きる人《ひと》たちと知《し》り合《あ》い、当時《とうじ》の暮《く》らしを体験《たいけん》します。

戦後《せんご》、経済大国《けいざいたいこく》へと生《う》まれ変《か》わっていく日本《にほん》を、ふたりと一緒《いっしょ》に旅《たび》しましょう。

監修者《かんしゅうしゃ》　河合《かわい》 敦《あつし》

今回《こんかい》のタイムワープの舞台《ぶたい》は…？

もくじ

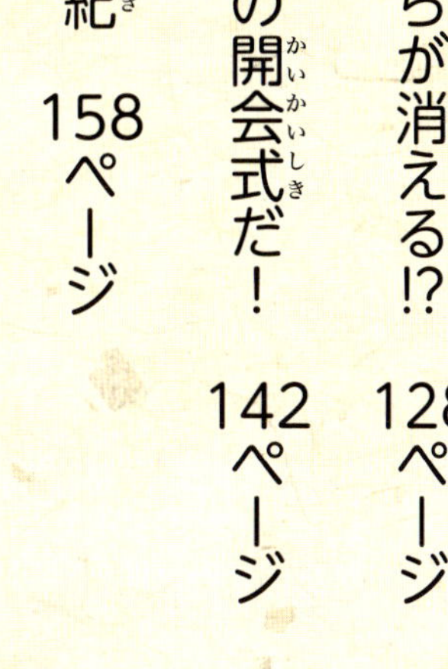

歴史《れきし》なるほどメモ

教《おし》えて!! 河合先生《かわいせんせい》 戦後《せんご》おまけ話《ばなし》

登《と》場《じょう》人《じん》物《ぶつ》

タクミ

しっかりもので、まじめな男《おとこ》の子《こ》。
お兄《にい》ちゃんのハルトに振《ふ》り回《まわ》されるが、
やっぱりお兄《にい》ちゃんのことが心配《しんぱい》。

ハルト

タクミのお兄《にい》ちゃん。
やさしいが、軽《かる》はずみなところがあり、
怪《あや》しい誘《さそ》いにうっかり乗《の》ってしまう。
実《じつ》は、鉄《てつ》オタ。

ミヤコ

天然系《てんねんけい》でほんわかした女《おんな》の子《こ》。
ジョーの片思《かたおも》いの相手《あいて》。
戦争《せんそう》でお父《とう》さんを亡《な》くして、
お母《かあ》さんとふたり暮《ぐ》らし。

ジョー

戦争《せんそう》で家族《かぞく》を亡《な》くし、ひとりぼっちで
たくましく生《い》きている男《おとこ》の子《こ》。
実《じつ》は、その正体《しょうたい》は……。

怪人二十世紀《かいじんにじっせいき》

タクミたちをタイムワープさせる
変《へん》なおじさん。ハルトと何《なに》やら
契約《けいやく》しているようだが……。

タイムパトロール・ジロー

時空《じくう》をかける警察官《けいさつかん》。
時《とき》を勝手《かって》にあやつる怪人二十世紀《かいじんにじっせいき》を追《お》っている。

1章《しょう》

怪《あや》しいおじさん

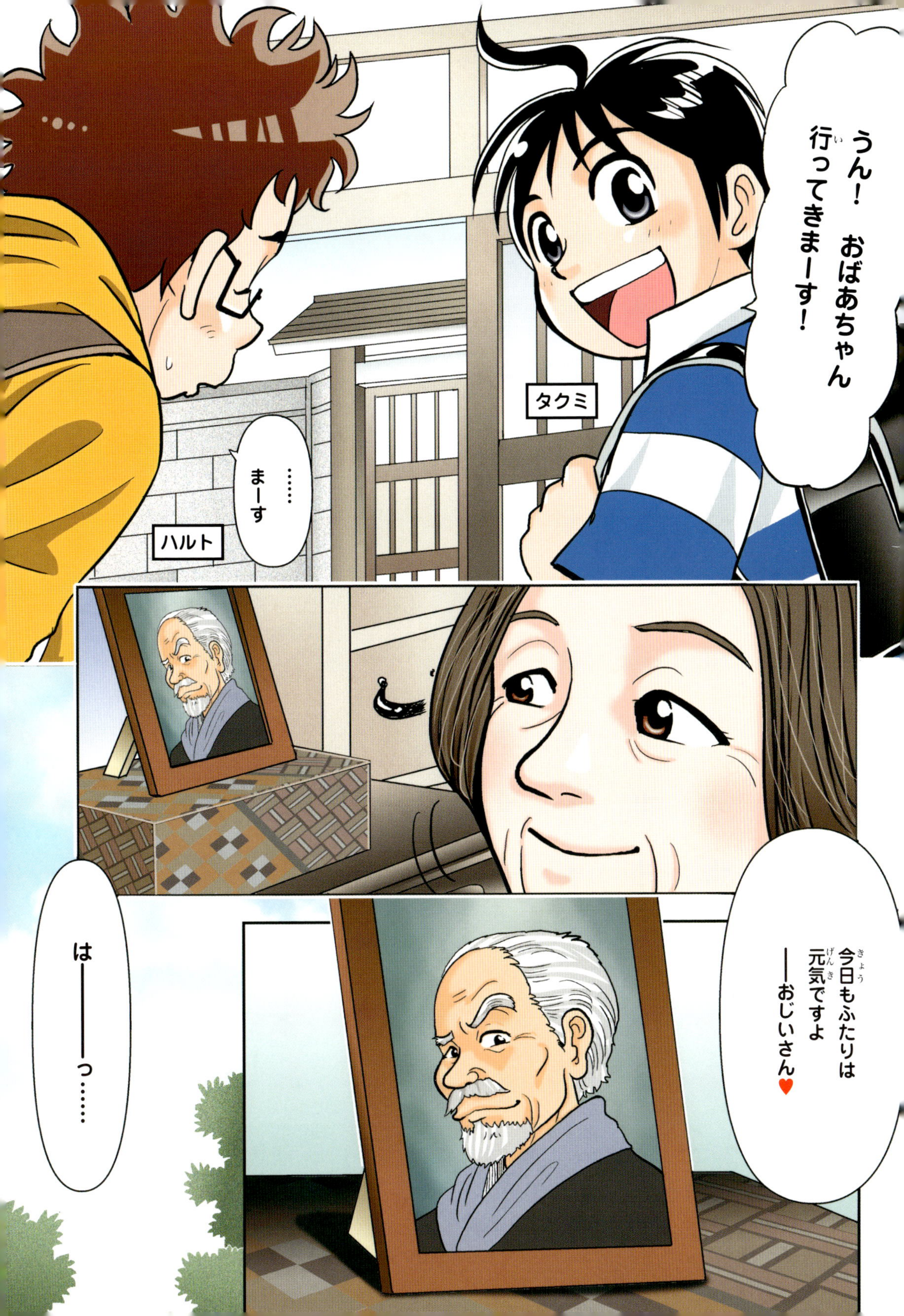
うん！　おばあちゃん　行《い》ってきまーす！
タクミ
……まーす
ハルト
今日《きょう》もふたりは元気《げんき》ですよ——おじいさん♥
は———っ……

はぁあぁあぁあぁあぁあぁあぁあ
兄《にい》ちゃーん
元気出《げんきだ》しなよぅ
もうオレはダメだ～
ヨロ
ヨロ
ピクッ
ちょっと学校《がっこう》で
うんちもらしたくらいで
元気《げんき》なんか出《で》るわけない
だろ――っ!!
ちょっとじゃないんだよっ
しっかり出《で》てんだよっ
学校《がっこう》で
うんち
もらしたこと
あるか?
タクミ!!
ないけども

あの絶望感《ぜつぼうかん》は もらしたものでなければわかるまいっ！
ブブリリ
ブピ～
キャーッ
あまつさえ あこがれのユミちゃんにまで目撃《もくげき》されてしまったのだ
うおおぉ
そっ……それは……
というワケでもうオレはこのまま旅《たび》に出《で》る捜《さが》さないでくれ……
じゃな…
にいちゃーん
あ～ 今日《きょう》からオレのあだ名《な》は うんちマンだ……
どこかへ行《い》きたいよ～
イヤダイヤダ
そこのぼうやちょっとちょっと
カモ カモン
くぃくぃ
ハッ
だっ……だれ!?

安心《あんしん》したまえ怪《あや》しいものじゃないよ
見《み》るからに怪《あや》しいけど……
ぼうやは 過去《かこ》に戻《もど》ってやり直《なお》したいと思《おも》ったことないかい？
あるよっ！今《いま》だよ今《いま》！モーレツに思《おも》ってるよっ!!
あーあのとき古《ふる》いヨーグルトさえ食《た》べなければ……
――その願《ねが》い かなえてあげてもいいよ
え？
怪人二十世紀《かいじんにじっせいき》

マ…マジで!?
うんちをもらす前《まえ》に
戻《もど》れるの!?
ああ
そうだ
わたしにかかれば
いつの時代《じだい》でもどんな場所《ばしょ》でも
自由自在《じゆうじざい》に移動《いどう》できて
しまうのさ
そのかわり――…

あ――兄《にい》ちゃん 知《し》らない人《ひと》と話《はな》しちゃダメって言《い》われてるのに
じゃあ 契約成立《けいやくせいりつ》だ
えっ
兄《にい》ちゃんっ 怪《あや》しい人《ひと》にだまされちゃダメだよ！
何《なん》とでも言《い》え!! オレは過去《かこ》に戻《もど》ってもっかい人生《じんせい》をやり直《なお》すんだ!!
そんなっ……行《い》っちゃダメだよ 兄《にい》ちゃん!!

行《い》くぞっ!!
兄《にい》ちゃ〜〜ん
うわあああああ

ドン
ぐはっ
ぐえ
イテテ
あっ ここは……
戻《もど》ったのか!?

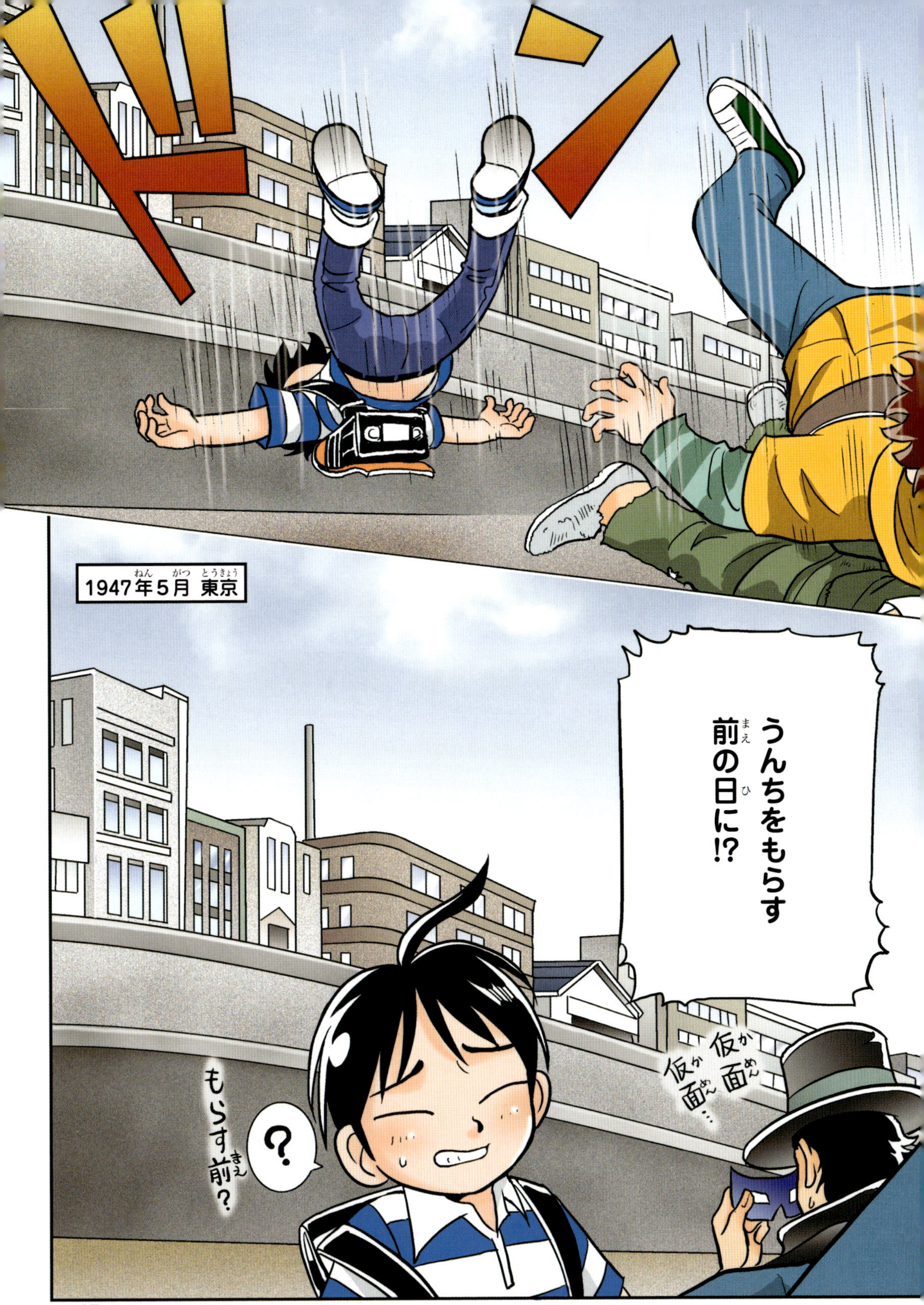
ドン
1947年《ねん》5月《がつ》 東京《とうきょう》
うんちをもらす前《まえ》の日《ひ》に!?
仮《か》面《めん》
仮《か》面《めん》…
?
もらす前《まえ》?

おいっ!
イテエじゃねーか 早《はや》くどきやがれ!!
えー? あっ ゴメン
またオレらの なわばりを 荒《あ》らしやがって
ただじゃおかねぇ
なんだその 弱《よわ》っちいやつらは おまえの仲間《なかま》か?
知《し》らねえよ こんな やつら
に…兄《にい》ちゃん…これ どうなってんの!?
よ…よく わかんないけど …とにかく

ピンチだ！
あれ？ ちょっと まちがえたか…
次《つぎ》のタイムワープが できるまで 少《すこ》し時間《じかん》が かかるのだ！ ひとまず さらばっ!!
契約《けいやく》わすれるなよ！
タタッ
えっ!? ちょっと 待《ま》ってよ おじさんっ!!

やっちまえ!!
まずはその弱《よわ》っちいやつらだ
え、
ヤダー
相手《あいて》はオレだろ!
ばっ
このひきょうもの!!
あわわ
うりゃー
ボカ
スカ
このヤロー
す…すごい…

ぎゃっ
ドッ
つ……
つよ―――い!!
ちくしょ――
覚《おぼ》えてろ!!
オヤブンに
言《い》いつけてやる!!
ずるずる
フン
てゆーか
ここどこ?
ずいぶん昔《むかし》に
来《き》ちゃったんじゃ
ないの?

日中戦争《にっちゅうせんそう》から太平洋戦争《たいへいようせんそう》へ

①ドロ沼《ぬま》の「日中戦争《にっちゅうせんそう》」

1937（昭和《しょうわ》12）年《ねん》、日本《にほん》と中国《ちゅうごく》の戦争《せんそう》「日中《にっちゅう》戦争《せんそう》」が始《はじ》まりました。最初《さいしょ》、日本《にほん》はこの戦争《せんそう》はすぐに終《お》わると考《かんが》えていましたが、中国《ちゅうごく》の徹底的《てっていてき》な抵抗《ていこう》で戦争《せんそう》は長引《ながび》きます。また、アメリカやイギリスなども、中国《ちゅうごく》を支援《しえん》しました。こうして、日中戦争《にっちゅうせんそう》は、終《お》わりの見《み》えないドロ沼状態《ぬまじょうたい》におちいりました。

昭和時代《しょうわじだい》のキーパーソン 1

太平洋戦争開戦時《たいへいようせんそうかいせんじ》の首相《しゅしょう》

東条英機《とうじょうひでき》

★生没年《せいぼつねん》 1884 ～ 1948年《ねん》

陸軍軍人《りくぐんぐんじん》、政治家《せいじか》。1941（昭和《しょうわ》16）年《ねん》、首相《しゅしょう》として太平洋戦争《たいへいようせんそう》を開戦《かいせん》。戦後《せんご》は＊A級戦犯《エイきゅうせんぱん》として「東京裁判《とうきょうさいばん》」で裁《さば》かれ、死刑《しけい》になった。

写真：朝日新聞社

＊A級戦犯《エイきゅうせんぱん》＝侵略戦争《しんりゃくせんそう》の計画者《けいかくしゃ》として「平和《へいわ》に対《たい》する罪《つみ》」を犯《おか》した者《もの》

もの知《し》りコラム

世界中《せかいじゅう》が戦争《せんそう》をしていた！

日本《にほん》が日中戦争《にっちゅうせんそう》をしていた1939年《ねん》、ヨーロッパでは、ドイツがポーランドに侵攻《しんこう》し、それに反発《はんぱつ》するイギリスやフランスなどとの間《あいだ》で戦争《せんそう》が始《はじ》まりました。

1940（昭和《しょうわ》15）年《ねん》、日本《にほん》はドイツ（独《どく》）・イタリア（伊《い》）と同盟《どうめい》を結《むす》び、戦争《せんそう》の時《とき》は互《たが》いに助《たす》け合《あ》うことを約束《やくそく》しました（日独伊三国同盟《にちどくいさんごくどうめい》）。つまり、日本《にほん》はドイツ側《がわ》についたのです。

こうして、世界《せかい》は大《おお》きく2つのグループに分《わ》かれて戦《たたか》うことになりました。日本《にほん》・ドイツ・イタリアなどの枢軸国《すうじくこく》と呼《よ》ばれるグループと、アメリカ・イギリス・フランス・ソ連《れん》（現在《げんざい》のロシアなど）などの連合国《れんごうこく》と呼《よ》ばれるグループです。この世界的規模《せかいてききぼ》で起《お》こった戦争《せんそう》を「第《だい》2次世《じせ》界大戦《かいたいせん》」と呼《よ》んでいます。

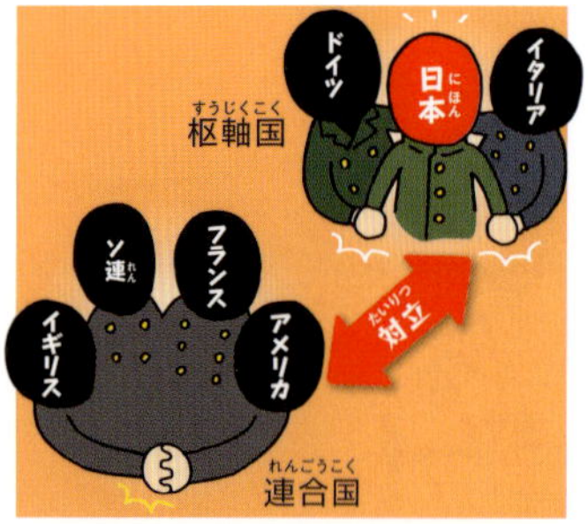

②「太平洋戦争《たいへいようせんそう》」始《はじ》まる！

戦争《せんそう》には、石油《せきゆ》など、多《おお》くの資源《しげん》が必要《ひつよう》です。日《にっ》中戦争《ちゅうせんそう》が長引《ながび》くと、日本《にほん》は、資源《しげん》を確保《かくほ》するため、豊《ゆた》かな資源《しげん》を持《も》つ東南《とうなん》アジアを侵略《しんりゃく》しようとしました。アメリカとイギリスは、日中戦争《にっちゅうせんそう》に反対《はんたい》するとともに、東南《とうなん》アジアに多《おお》くの植民地《しょくみんち》を持《も》っていたので、日本《にほん》に自分《じぶん》たちの植民地《しょくみんち》が奪《うば》われるのではないかと考《かんが》え、ますます日本《にほん》と対立《たいりつ》を深《ふか》めることになりました。

そして、1941（昭和《しょうわ》16）年《ねん》12月8日《がつようか》、日本《にほん》はハワイの真珠湾《しんじゅわん》にあるアメリカ軍基地《ぐんきち》を攻撃《こうげき》しました。こうして、アメリカ・イギリスなどの連合国《れんごうこく》との戦争《せんそう》、「太平洋戦争《たいへいようせんそう》」が始《はじ》まったのです。

昭和時代《しょうわじだい》のキーパーソン 2

連合艦隊司令長官《れんごうかんたいしれいちょうかん》

山本五十六《やまもといそろく》

★生没年《せいぼつねん》 1884～1943年《ねん》

海軍軍人《かいぐんぐんじん》。日独伊三国同盟《にちどくいさんごくどうめい》に反対《はんたい》していたが、太平洋戦争時《たいへいようせんそうじ》は、連合艦隊司令長官《れんごうかんたいしれいちょうかん》として真珠《しんじゅ》湾攻撃《わんこうげき》などを指揮《しき》。1943（昭和《しょうわ》18）年《ねん》、戦死《せんし》。

写真：朝日新聞社

真珠湾攻撃《しんじゅわんこうげき》

アメリカとの戦争《せんそう》を決意《けつい》した日本《にほん》は、アメリカの軍港《ぐんこう》があったハワイのパールハーバー（真珠湾《しんじゅわん》）を奇襲攻撃《きしゅうこうげき》。太平洋戦争《たいへいようせんそう》が始《はじ》まった

写真：PPS 通信社

2章《しょう》

ヤミ市《いち》で大《おお》もうけ

＊アメリカを主《しゅ》とする、イギリス、フランスなどの連合国《れんごうこく》と戦《たたか》った

ワイ
ワイ
シッシッ
何《なに》見《み》てる
あっち行《い》け!
わっ
ヒドイ!
ボク何《なに》もしてないのにっ!
タバコスゴイな
戦災孤児《せんさいこじ》は野良犬《のらいぬ》と同《おな》じ扱《あつか》いさ
生《い》きるために盗《ぬす》みをするやつらもいるからな

ほら
ドロボー!!
ダッ
テレビの中《なか》の世界《せかい》みたい……
でも
オレは負《ま》けねぇ
いつかでかいこと
やってやるんだ!
キキーーッ
ギブミー
わあっ
ギブミー
チョコレッ
わっ
何《なに》どしたの?

ワイ　ワイ
ちょうだーい!
ギブミー チョコレッ
ギブミー チョコレッ
チョコレート 配《くば》ってるけど……
あいつらは アメリカ兵《へい》だ ああ言《い》えば チョコをもらえるぞ
行《い》くぞ!
え!?
知《し》らない人《ひと》から ものをもらっちゃダメ って お母《かあ》さんが……
だって チョコくれるんだぞ? タクミ 今《いま》は非常事態《ひじょうじたい》だ
ゴーヤ入《い》れれば ゴーヤちゃんぷる っていうだろ!
「郷《ごう》に入《い》っては 郷《ごう》に従《したが》え」でしょ
わーい チョコレート もらっちゃった
ルン ルン ♪
道《みち》でチョコレート もらえるなんて いい時代《じだい》だなー
いい時代《じだい》なもんか! 日本《にほん》が戦争《せんそう》に負《ま》けたから あいつらに占領《せんりょう》されてんだぞ!
よこせっ!!
ばっ
CHOCOLATE

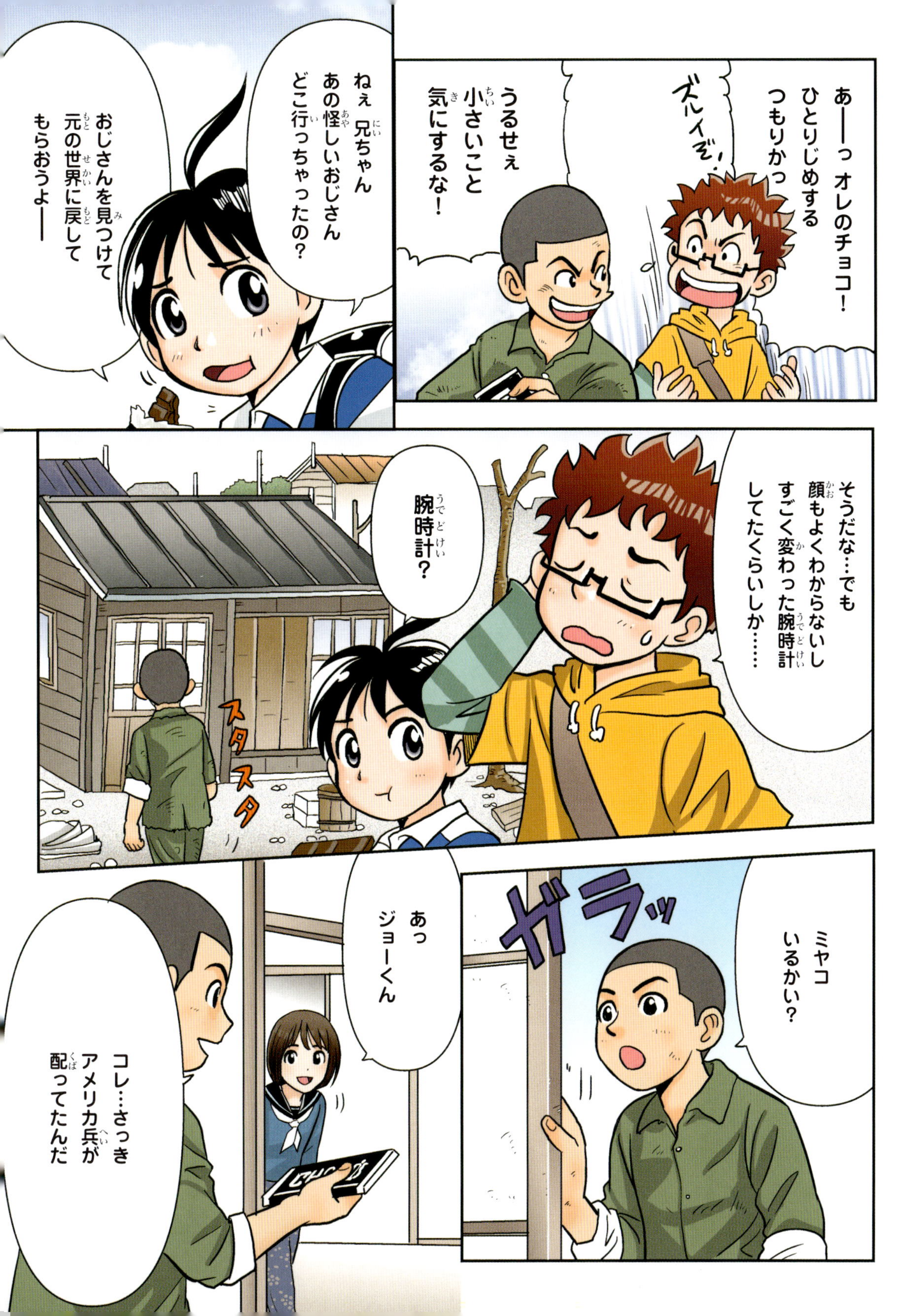
あーっ オレのチョコ！ ひとりじめするつもりかっ
ズルイぞ！
うるせぇ 小《ちい》さいこと気《き》にするな！
ねぇ 兄《にい》ちゃん あの怪《あや》しいおじさん どこ行《い》っちゃったの？
おじさんを見《み》つけて 元《もと》の世界《せかい》に戻《もど》して もらおうよ——
そうだな…でも 顔《かお》もよくわからないし すごく変《か》わった腕時計《うでどけい》 してたくらいしか……
腕時計《うでどけい》？
スタスタ
ガラッ
ミヤコ いるかい？
あっ ジョーくん
コレ…さっき アメリカ兵《へい》が 配《くば》ってたんだ

ありがとう ジョーくん
い…いや ついでだし…
ハハーン
さては あの子《こ》のコト スキだな?
ニヤ
ドキーン
バッ…バカ そんなんじゃねー や!! 何言《なにい》って……
ボクは あの子《こ》が スキ なのです
顔《かお》に 書《か》いて あるし
図星《ずぼし》だな
ジョーくん いつも食《た》べ物《もの》を 持《も》ってきてくれて 本当《ほんとう》にありがとう
みなさん寄《よ》っていって お茶《ちゃ》いれるわ
何《なに》も ないけど…
ミヤコ

いや ホラ 前《まえ》に ミヤコの
父《とう》ちゃんが戦死《せんし》して
母《かあ》ちゃんも病気《びょうき》だって
聞《き》いたから…よ
ゴホッ
ゴホ
ありがとう
この人《ひと》たちは
ジョーくんの
弟《おとうと》さん？
タクミです
ハルトです
オレたちは
兄弟《きょうだい》だけど……
こいつとは
何《なに》も関係《かんけい》ない
です
こいつだとー!?
キッパリ
そうなんだ
似《に》てるから兄弟《きょうだい》かと
思《おも》っちゃった
フフ
にてるー!?
どこがー!?
オレの家族《かぞく》は……
うるせー

ドオオオオオオオオオ
家族《かぞく》は空襲《くうしゅう》＊で みんなやられた
今《いま》はオレ ひとりさ
＊空襲《くうしゅう》＝飛行機《ひこうき》から地上《ちじょう》を爆弾《ばくだん》などで攻撃《こうげき》すること
――そうなんだ…… やっと 父《ちち》の遺品《いひん》を 整理《せいり》し始《はじ》めたのよ
いつまでも 泣《な》いていられないし…
そしたら よくわからないものも 出《で》てきてね 何《なに》か つくろうとしてたみたい なんだけど……
ふーーん ちょっと見《み》せてもらっても いい？

＊苛性《かせい》ソーダ＝水酸化《すいさんか》ナトリウムの別名《べつめい》。現在《げんざい》は劇物《げきぶつ》に指定《してい》されている。取《と》り扱《あつか》いは要注意《ようちゅうい》

――では
つくるよ
――
薬品《やくひん》は危険《きけん》だから取《と》りあつかいに気《き》をつけて！
よし
あとは何《なに》かいいニオイのものを入《い》れれば……
ねぇ
このお花《はな》なんかどう？
そりゃいいいね！
じゃん!!
できたっ!!
花《はな》せっけん!!
こいつは売《う》れるぞ

よーし さっそく 売《う》りにいくぞ!!
オーーッ
ガヤ ガヤ
ここ 市場《いちば》?
にぎやかだな
ああ ヤミ市《いち》だ ここに来《く》れば何《なん》でも 手《て》に入《はい》る―― 値段《ねだん》は高《たか》いけどな

どうしてそんな高《たか》いところで買《か》うのさ？スーパーなら安《やす》いのに
うちの近所《きんじょ》は火曜《かよう》なら特売日《とくばいび》だぜ
スーパー？なんだそりゃ？
くえるのか？
ガヤ
ガヤ
今《いま》の日本《にほん》じゃ 決《き》まりを守《まも》っていたら 米《こめ》すらまともに手《て》に入《はい》らない……
ここは違法《いほう》な市場《いちば》だけど生《い》きていくには 高《たか》くてもここで買《か》うしかないんだ！

＊せっけんは、ヤミ市《いち》で、政府《せいふ》が決《き》めた値段《ねだん》の200倍《ばい》の値段《ねだん》で取引《とりひき》されていた

こりゃスゲェ これだけあれば ミヤコの 母《かあ》ちゃんを お医者《いしゃ》に 連《つ》れていけるぞ!!
いらっしゃい
いらっしゃ〜い
じゃらっ
よかったね!!
せっけん ちょうだい
さて 休憩《きゅうけい》するか 昼飯《ひるめし》おごってやるよ
やったあ
ま 当然《とうぜん》だよな
おっちゃん ナベ3つね
はいよー
ああ
ホントに いろんな お店《みせ》が あるねー

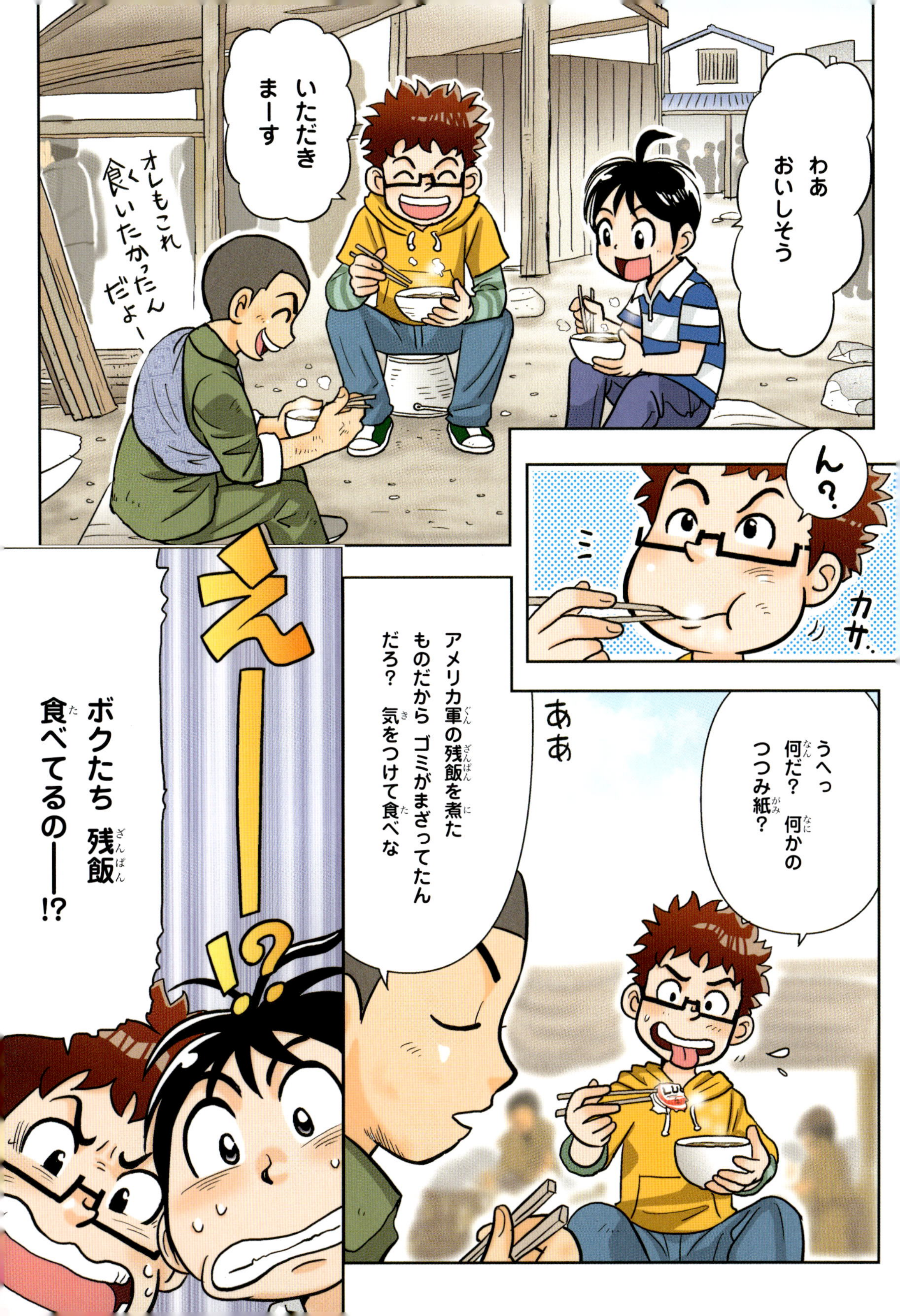
わあ おいしそう
いただき まーす
オレもこれ 食いたかったん だよー
ん？
カサ
うへっ 何《なん》だ？ 何《なに》かの つつみ紙《がみ》？
ああ
アメリカ軍《ぐん》の残飯《ざんぱん》を煮《に》た ものだから ゴミがまざってたん だろ？ 気《き》をつけて食《た》べな
えーー!?
ボクたち 残飯《ざんぱん》 食《た》べてるの――!?

食《た》べられないより
マシだろ?
小《ちい》さいこと
気《き》にすんな!
オレに
とっちゃ
ごちそうさ
そ…そりゃ
まぁ…
でも
残飯《ざんぱん》だよ――
どよ～ん
いたぞっ!!
ビンのフタ!
うわっ
オヤブン こいつらですよ
オレたちのナワバリを
荒《あ》らしまくってるやつらは!!
このまえは
よくも!
今日《きょう》はヤミ市《いち》で
大《おお》もうけしてやがったんです
オレたちのナワバリで!!

ふーん……おいおまえたち
オレたちに許可《きょか》なくなーに勝手《かって》に商売《しょうばい》までやっちゃってんの？
さあもうけた金《かね》を出《だ》してもらおうか

戦《せん》時《じ》下《か》の暮《く》らしと敗《はい》戦《せん》

① お国《くに》のために！

戦争中《せんそうちゅう》は、人々《ひとびと》の暮《く》らしも厳《きび》しく制限《せいげん》されました。「欲《ほ》しがりません勝《か》つまでは」「ぜいたくは敵《てき》だ！」という標語《ひょうご》がとなえられ、戦争《せんそう》に勝《か》つためには、いろんな面《めん》でがまんすることが当然《とうぜん》だとされました。戦争《せんそう》が長引《ながび》くと、物《もの》は自由《じゆう》に買《か》えなくなり、だんだん食《た》べるものも少《すく》なくなりました。人々《ひとびと》は、どんどん激《はげ》しくなる空襲《くうしゅう》におびえながら暮《く》らしました。

ぜいたくは敵《てき》
食事《しょくじ》や服装《ふくそう》はもちろん、結婚式《けっこんしき》や葬《そう》式《しき》も質素《しっそ》にするよう求《もと》められた

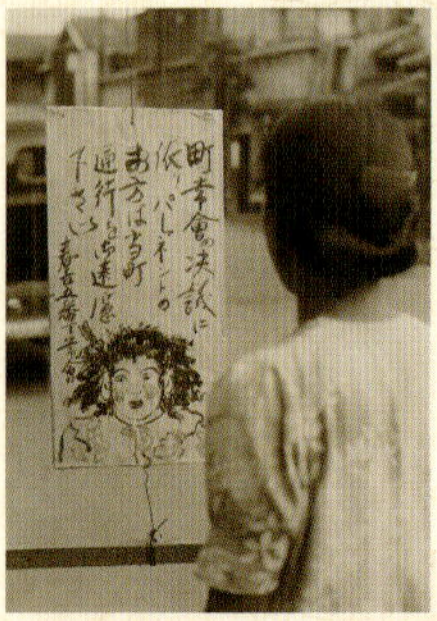

パーマもダメ！
パーマをかけた人《ひと》は、この町《まち》に入《はい》るなという立《た》て看板《かんばん》

疎開《そかい》した子《こ》どもたち
都市《とし》への空襲《くうしゅう》が始《はじ》まると、そこに住《す》む子《こ》どもたちは、家族《かぞく》と離《はな》れて地方《ちほう》の農村《のうそん》に疎開《そかい》した。写真《しゃしん》は、集団《しゅうだん》生活中《せいかつちゅう》の疎開児童《そかいじどう》が洗濯《せんたく》をするようす

防空壕《ぼうくうごう》に逃《に》げる
空襲《くうしゅう》から逃《のが》れるため、地面《じめん》に穴《あな》を掘《ほ》るなどして、防空《ぼうくう》壕《ごう》をつくった。しかし、防空壕《ぼうくうごう》に逃《に》げても、爆弾《ばくだん》による火《ひ》で蒸《む》し焼《や》きになって亡《な》くなってしまうこともあった

あかりを消《け》して暮《く》らす
夜《よる》にあかりをつけると、人《ひと》がいることが敵《てき》の飛行機《ひこうき》に知《し》られ、空爆《くうばく》の目標《もくひょう》になってしまうので、電灯《でんとう》を消《け》したり黒《くろ》い布《ぬの》でおおったりした。窓《まど》は爆風《ばくふう》で割《わ》れたガラスが吹《ふ》き飛《と》ばないように、紙《かみ》を貼《は》った

②ついに日本《にほん》は降伏《こうふく》

太平洋戦争《たいへいようせんそう》の最初《さいしょ》のうちは、日本《にほん》は各地《かくち》で勝利《しょうり》を重《かさ》ね、南方《なんぽう》に勢力範囲《せいりょくはんい》を広《ひろ》げていきました。しかし、アメリカが戦《たたか》いの態勢《たいせい》を整《ととの》え反撃《はんげき》を始《はじ》めると、日本《にほん》はしだいに負《ま》け続《つづ》けるようになりました。

東京《とうきょう》、大阪《おおさか》をはじめ、日本中《にほんじゅう》の都市《とし》が空襲《くうしゅう》による被害《ひがい》を受《う》けました。町《まち》は焼《や》き尽《つ》くされ、たくさんの人《ひと》の命《いのち》が奪《うば》われました。沖縄《おきなわ》にはアメリカ軍《ぐん》が上陸《じょうりく》し、激《はげ》しい戦闘《せんとう》で県民《けんみん》の4人《にん》に1人《ひとり》が亡《な》くなりました。

そして、1945（昭和《しょうわ》20）年《ねん》8月《がつ》6日《むいか》に広島《ひろしま》に、9日《ここのか》に長崎《ながさき》に、人類《じんるい》の歴史上《れきしじょう》初《はじ》めて原子爆弾《げんしばくだん》（原爆《げんばく》）が落《お》とされました。15日《にち》、*日本《にほん》は降伏《こうふく》し、太平洋《たいへいよう》戦争《せんそう》は終《お》わりました。

天皇《てんのう》の声《こえ》で敗戦《はいせん》を知《し》らせるラジオ放送《ほうそう》（玉音放送《ぎょくおんほうそう》）を聞《き》く人々《ひとびと》

昭和天皇《しょうわてんのう》が自《みずか》らの声《こえ》（録音《ろくおん》）で、8月《がつ》15日《にち》に日本《にほん》の降伏《こうふく》を伝《つた》えた

*日本《にほん》の降伏《こうふく》をもって、第《だい》2次《じ》世界大戦《せかいたいせん》も終《お》わった

原爆《げんばく》のキノコ雲《ぐも》

広島《ひろしま》に落《お》とされた原爆《げんばく》のキノコ雲《ぐも》

原爆投下直後《げんばくとうかちょくご》の広島《ひろしま》

中央《ちゅうおう》の建物《たてもの》は、核兵器《かくへいき》の恐《おそ》ろしさを伝《つた》える建物《たてもの》として現在《げんざい》もほぼそのまま残《のこ》され、「原爆《げんばく》ドーム」と呼《よ》ばれている

もの知《し》りコラム

アジアの国々《くにぐに》にも被害《ひがい》を与《あた》えた

太平洋戦争《たいへいようせんそう》で、日本国内《にほんこくない》はじん大《だい》な被害《ひがい》を受《う》けましたが、戦場《せんじょう》になったアジアの国々《くにぐに》に、日本《にほん》はたくさんの被害《ひがい》や苦《くる》しみを与《あた》えました。また、日本《にほん》が植民地《しょくみんち》としていた台湾《たいわん》や朝鮮半島《ちょうせんはんとう》の人々《ひとびと》も、日本《にほん》の戦争《せんそう》に巻《ま》き込《こ》まれました。

写真：すべて朝日新聞社

3章《しょう》

おじさんは怪人《かいじん》二十世紀《にじっせいき》!?

ケッコ
バサササ
コケッ
わわわわ
ぴょーん
あーっ
がくん
ドダダ
ドガ
ド
ドン
ドン
コラァ!
うへへへへ
追《お》いついたぞ――っ
わあぁ

ペちゃ
ズーッ
次《つぎ》は何《なに》を買《か》おうかしら
うおっ
あの横丁《よこちょう》行《い》ってみない？
プちゃ
ちょっと おなかもすいたわよねー
くちゃ
こっちよ！
あっ!! せっけん買《か》ってくれたおばさんっ!!
ありがとう
ワイワイ
なにーっ？
コワーイ
早《はや》く どきやがれ!!
ジタ
バタ

ふーっ……
助《たす》かった…
なんとか
逃《に》げ切《き》れた
な
オレちょっと
この金《かね》をミヤコに
届《とど》けてくるよ
まっててくれ
わっあっ
OK《オーケイ》
なっ……
なんだ?
さあさあ 寄《よ》ってらっしゃい
見《み》てらっしゃい

おぼっちゃんも おじょうちゃんも
よい子《こ》も 悪《わる》い子《こ》も
すみからすみまで ずずずい
——っとごらんあれ！
本日《ほんじつ》も
「黄昏《たそがれ》バット」の
始《はじ》まり始《はじ》まり〜〜
黄昏《たそがれ》バット
あっ
紙《かみ》しばいだ！
ん？
あ——きみたち
お菓子《かし》を買《か》わない
子《こ》には見《み》せないよ
行《い》った 行《い》った
えーっ
そんな かたいこと
言《い》わずに
ダメダメ
あっち行《い》った
しっしっ！
黄昏《たそがれ》

ん？
あの 時計《とけい》は ——
あの時《とき》の 怪《あや》しい おじさんだ——!!
えっ ホント!?
あっ！ おまえらは——……
はやく——
ちょっと おじさん!! オレ こんな昔《むかし》に来《く》るつもり なかったんだけど!!
そうなんだよ いやぁ… 思《おも》ったより 昔《むかし》に来《き》すぎ ちゃってよ……
黄昏バット
だいたい おじさん だれなの!?
ああ まだ自己紹介《じこしょうかい》 してなかったか
ある時《とき》はイカした仮面《かめん》の紳士《しんし》 またある時《とき》はダンディーな紙《かみ》しばい屋《や》…… しかして その実体《じったい》は——……

*世紀《せいき》=100年《ねん》ずつを単位《たんい》とする、年代《ねんだい》の数《かぞ》え方《かた》。「20世紀《せいき》」は1901〜2000年《ねん》で、2001年《ねん》からは「21世紀《せいき》」

それより
ぼうや——
例《れい》の契約《けいやく》
忘《わす》れちゃいないだろうな？
け……
契約《けいやく》……
あの男《おとこ》です
怪《あや》しいやつは！
タタタタタッ
オイ！
きさま！
ちっ
マズイ
とにかく
一緒《いっしょ》に来《こ》い！
いいから
早《はや》くうんち
もらす前《まえ》の日《ひ》に
戻《もど》してよ——
ダッ
ザワッ
うんち
うんち
もらしたの？
あの子《こ》
イヤ～

ワイワイ
――東京《とうきょう》・銀座《ぎんざ》
なっ…!?
ガタタン ゴトトン
祝日本國憲法施行記念《しゅくにほんこくけんぽうしこうきねん》
なんだ!? この騒《さわ》ぎは
おまえさん 知《し》らないのかい? 憲法《けんぽう》が新《あたら》しくなったのさ
ケンポー?
それは じゃんケンポイ
ジャン ケン ポーイ
あいこでショ!
なるほど…だから 花電車《はなでんしゃ》のパレードで お祝《いわ》いしてるのだな
ガトトン
祝日本國憲法施行記念《しゅくにほんこくけんぽうしこうきねん》
ガトトン

ワイ ワイ
もう二度《にど》と戦争《せんそう》しないんだってよ
男女《だんじょ》の権利《けんり》も平等《びょうどう》になるのね!!
ふーん
なんかあたりまえのこと言《い》ってるな――
やや!
マズイぞ あいつが近《ちか》くにやってきやがった!
ピコ ピコ
あいつって!?
コワイの?
コワくはないが……めんどくせえやつよ
キョロ キョロ
早《はや》く人目《ひとめ》につかないところへ行《い》って タイムワープしなくては!
うんちの前《まえ》にね! うんちの前《まえ》!
――こんな時代《じだい》に来《き》ていたのか……
ピッ
1947 May
今《いま》だってうんちの前《まえ》だろ
前《まえ》すぎるよ!

よーし このあたりで いいだろう
クリ クリ
次《つぎ》の時代《じだい》は――…
そこまでだ!!
ついに見《み》つけたぞ!! 怪人《かいじん》二十世紀《にじっせいき》!!
おっ おまえは!
タイムパトロール・ジロー

タ……
タイムパトロール・
ジロー――‼
おとなしく
おなわにつけ！
べーっ
やなこった
なんかまた
へんなの出《で》てきたぞ
ジローって…
タイムパトロール
って？
でもちょっと
カッコイイかも…
さあ？ 未来《みらい》の
警察《けいさつ》かなんかじゃね？

スタッ
その子《こ》たちをどうするつもりだ!?二十世紀《にじっせいき》!!
いちいち決《き》めポーズ……
べつにどうこうするつもりはないけどね
いろんな時代《じだい》を一生懸命《いっしょうけんめい》サバイバルしている人《ひと》たちと出会《であ》って
ちょいと冒険《ぼうけん》させてやってるだけよ
それに契約《けいやく》もしたしな
ニッ
JIRO

契約《けいやく》!? なんだそれはっ
ヒーミーツ!
さぁ
今度《こんど》こそ行《い》きたかった ところに行《い》くぞ! さっきは 急《きゅう》にひとり増《ふ》えたから ビミョーに時代《じだい》が くるっちまったんだ
ファサ..
あっ オイ 待《ま》て!
し…… しまった
逃《のが》したか!!

連合国《れんごうこく》に占領《せんりょう》された日本《にほん》

①マッカーサーがやってきた！

戦争《せんそう》が終《お》わってすぐ、アメリカのダグラス・マッカーサーを最高司令官《さいこうしれいかん》とするGHQ《ジーエイチキュー》（連合国軍最高司令官総司令部《れんごうこくぐんさいこうしれいかんそうしれいぶ》）による日本《にほん》の統治《とうち》が始《はじ》まりました。

GHQ《ジーエイチキュー》の目的《もくてき》は、日本《にほん》が二度《にど》と戦争《せんそう》しないようにすることでした。そのために、軍隊《ぐんたい》を解体《かいたい》し、軍国主義《ぐんこくしゅぎ》を改《あらた》めて、アメリカと同《おな》じような民主主義国家《みんしゅしゅぎこっか》にすることを推《お》し進《すす》めました。

昭和時代《しょうわじだい》のキーパーソン 3

戦後《せんご》、日本《にほん》を統治《とうち》した

ダグラス・マッカーサー

★生没年《せいぼつねん》 1880～1964年《ねん》

アメリカの軍人《ぐんじん》。戦後《せんご》、GHQ《ジーエイチキュー》の最高司令官《さいこうしれいかん》として、日本《にほん》の占領統治《せんりょうとうち》にあたり、日本《にほん》の民主化《みんしゅか》を推進《すいしん》した。

写真：PPS 通信社

もの知《し》りコラム

人気者《にんきもの》になったマッカーサー

太平洋戦争《たいへいようせんそう》に負《ま》けて、日本《にほん》の国民《こくみん》は、これからどうなるのかと不安《ふあん》でいっぱいでした。しかし、マッカーサーの民主化政策《みんしゅかせいさく》を知《し》るにつれ、マッカーサーを「青《あお》い目《め》の大君《たいくん》」（「大君《たいくん》」は将軍《しょうぐん》のこと）と呼《よ》んで、したうようになりました。

マッカーサーが日本《にほん》を去《さ》る時《とき》には、沿道《えんどう》でたくさんの人《ひと》が別《わか》れを惜《お》しみました。

日本《にほん》に到着《とうちゃく》したマッカーサー

飛行機《ひこうき》から降《お》り立《た》つマッカーサー。大《おお》きなパイプがトレードマークだ

もの知《し》りコラム

戦勝国《せんしょうこく》が、A級戦犯《エイきゅうせんぱん》を裁《さば》く「東京裁判《とうきょうさいばん》」

戦後《せんご》、東京《とうきょう》で日本《にほん》の戦争責任《せんそうせきにん》を問《と》うための裁判《さいばん》（極東国際軍《きょくとうこくさいぐん》事裁判《じさいばん》）が、戦勝国《せんしょうこく》によりおこなわれました。「東京裁判《とうきょうさいばん》」と呼《よ》ばれています。

この裁判《さいばん》により、元首相《もとしゅしょう》の東《とう》条英機《じょうひでき》など、7人《にん》が、戦争《せんそう》を指《し》導《どう》したとして死刑《しけい》になりました。

死刑判決《しけいはんけつ》を受《う》ける東条英機《とうじょうひでき》

マッカーサーの五大改革指令《ごだいかいかくしれい》

1　女性《じょせい》の参政権《さんせいけん》を認《みと》める

女性《じょせい》が選挙《せんきょ》で投票《とうひょう》したり、立候補《りっこうほ》したりすることができるようになった

2　労働組合《ろうどうくみあい》の結成《けっせい》を奨励《しょうれい》する

労働者《ろうどうしゃ》が一致団結《いっちだんけつ》して、雇《やと》い主《ぬし》と交渉《こうしょう》できるようになった

3　教育制度《きょういくせいど》を改革《かいかく》する

9年間《ねんかん》の義務教育《ぎむきょういく》、男女共学《だんじょきょうがく》などが定《さだ》められた

4　秘密警察《ひみつけいさつ》などの廃止《はいし》

言論《げんろん》の自由《じゆう》、政党結成《せいとうけっせい》の自由《じゆう》などが認《みと》められた

5　経済《けいざい》のしくみの民主化《みんしゅか》

地主《じぬし》から強制的《きょうせいてき》に農地《のうち》を買《か》い上《あ》げ、土地《とち》を持《も》たない農民《のうみん》に安《やす》く売《う》った

女性《じょせい》も選挙《せんきょ》に参加《さんか》

1946（昭和《しょうわ》21）年《ねん》におこなわれた戦後初《せんごはつ》の総選挙《そうせんきょ》では、39人《にん》の女性議員《じょせいぎいん》が誕生《たんじょう》した

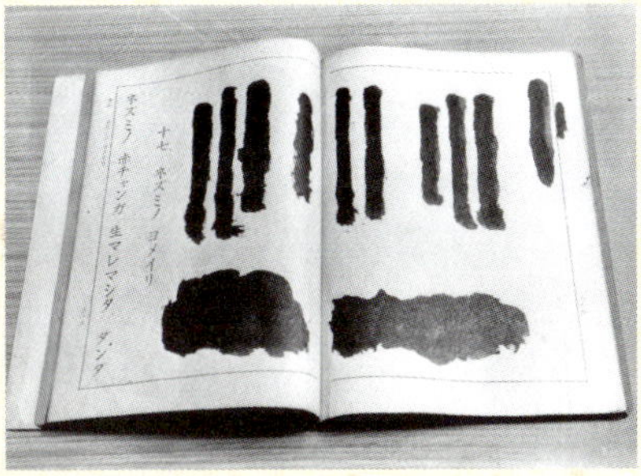

墨《すみ》を塗《ぬ》った教科書《きょうかしょ》

教科書《きょうかしょ》の中《なか》で戦争《せんそう》をほめたたえている部分《ぶぶん》や軍国主《ぐんこくしゅ》義的《ぎてき》な内容《ないよう》を、先生《せんせい》の指示《しじ》にしたがって墨《すみ》で塗《ぬ》りつぶした。この写真《しゃしん》の墨《すみ》を塗《ぬ》った部分《ぶぶん》には、「兵《ヘイ》タイゴッコ」というお話《はなし》が載《の》っていた

学校《がっこう》も男女共学《だんじょきょうがく》に

戦前《せんぜん》は、ほとんどの学校《がっこう》で男女別々《だんじょべつべつ》に教育《きょういく》されていたが、戦後《せんご》、公立学校《こうりつがっこう》は男女《だんじょ》共学《きょうがく》になった

写真：クレジットのないものは朝日新聞社

4章《しょう》
キミはボクのおじいちゃん!?

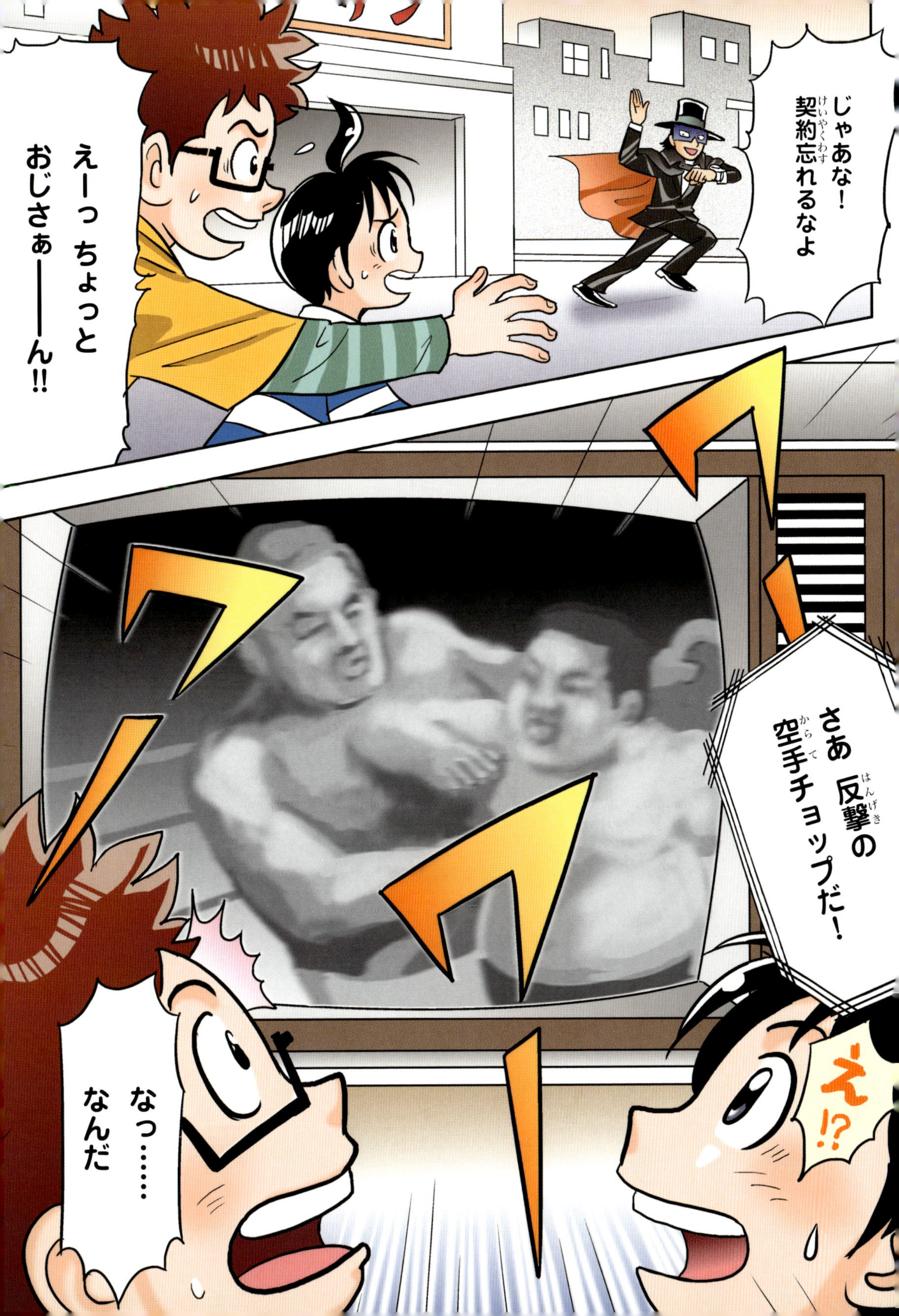
じゃあな！
契約《けいやく》忘《わす》れるなよ
えーっ ちょっと
おじさぁ———ん!!
さあ 反撃《はんげき》の
空手《からて》チョップだ！
え!?
なっ……
なんだ

プロレス？
じゃまだーー
そこどけーー!!
見《み》えねーぞ
わっ

＊街頭《がいとう》テレビ＝テレビが高価《こうか》だった時代《じだい》、人《ひと》の集《あつ》まる場所《ばしょ》に設置《せっち》され、無料《むりょう》で見《み》ることのできたテレビ

ジョー!! 急《きゅう》にかっこよくなって どうしたのさ!?
やっぱり おまえたちか! ハルト! タクミ! 10年《ねん》ぶりぐらいか?
ちっとも 変《か》わってないな
髪《かみ》が のびてる!
城電気
城《じょう》電《でん》気《き》
城《じょう》電《でん》気《き》
ここはあれから 約《やく》10年《ねん》後《ご》の日本《にほん》 なのか……
ジョーは 電気屋《でんきや》さんに なったの?
電気工事屋《でんきこうじや》さ! これからの時代《じだい》は 電気《でんき》だからな!

＊新《あたら》しい電波塔《でんぱとう》（東京《とうきょう》タワー）の名前募集《なまえぼしゅう》で、いちばん応募《おうぼ》が多《おお》かったのが「昭和塔《しょうわとう》」だった

ははは よし！
電《でん》気《き》工《こう》事《じ》の代金《だいきん》をもらった
とこだ オレがごちそうして
やるよ
やった――
っと…いけね
もうひと仕事《しごと》
すませたら
な
これからミヤコんち
行《い》くんだ ついてこいよ
え……!?
ここがミヤコちゃんの家《いえ》？
そうだ
建《た》て替《か》えて
キレイになったろ？

いや…ってか……兄《にい》ちゃん ココ
……ああ
ボクたちの家《いえ》だよっ
そういえばおばあちゃんの名前《なまえ》……ミヤコだ！
死《し》んだおじいちゃんの名前《なまえ》は――……

ジョーーーーおじいちゃん!!ーー!!
あ?
だーれがおじいちゃんだって?
城電気
オレはまだ22歳《さい》だぞ! ごちそういらないようだなっ!
わーー いります いります〜
いいか タクミ! 二度《にど》とおじいちゃんって呼《よ》んじゃダメだぞ
いらないこと言《い》うなよ
わ…わかったよ…
なに〜〜!? いらねえだとオ!?
わーん いります〜 食《た》べたいです〜

――って……
えっ?
いりませんッ！
帰《かえ》ってください！
ほお 上等《じょうとう》だな オレは今日《きょう》 刑務所《けいむしょ》を出《で》たばかりでねぇ 買《か》ってくれるまで帰《かえ》らねえよ
おい おまえ!! 押《お》し売《う》り*だなっ！ もっと真《ま》っ当《とう》な商売《しょうばい》したらどうだ!!
なっ なんでぇ てめえは……
ジョー――!
オレたち若者《わかもの》が新《あたら》しい日本《にほん》を引《ひ》っ張《ぱ》っていくんじゃないか!!
こんなくだらないことしてちゃダメだ!!
……
兄《にい》ちゃん あの人《ひと》…もしや ヤミ市《いち》の……
金《かね》を出《だ》せ!!
うん うん
*押《お》し売《う》り＝ほしくない物《もの》を無理《むり》やり売《う》りつける人《ひと》

＊1950年代《ねんだい》の初《はじ》めに、ヤミ市《いち》はなくなった

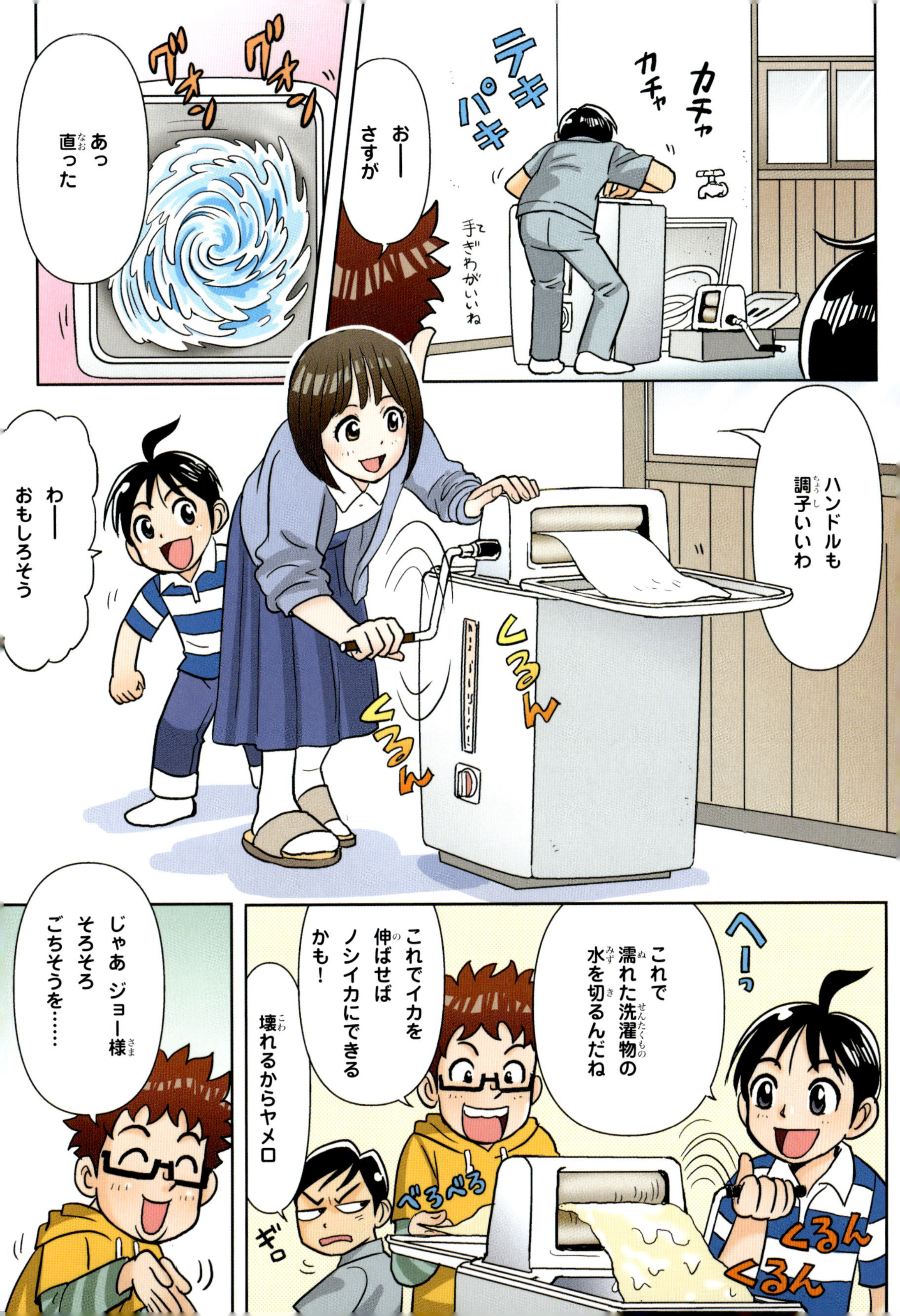
カチャ カチャ
テキパキ
手《て》ぎわがいいね
おー さすが
グォン グォン
あっ 直《なお》った
ハンドルも 調子《ちょうし》いいわ
くるん くるん
わー おもしろそう
へーっ
これで 濡《ぬ》れた洗濯物《せんたくもの》の 水《みず》を切《き》るんだね
これでイカを 伸《の》ばせば ノシイカにできる かも！
壊《こわ》れるからヤメロ
ギロ
べろべろ
くるん くるん
じゃあ ジョー様《さま》 そろそろ ごちそうを……

＊最初《さいしょ》の即席《そくせき》ラーメンは1958年《ねん》に発売《はつばい》された

☆本《ほん》の感想《かんそう》、ファンクラブ通信《つうしん》への投稿《とうこう》など、好《す》きなことを書《か》いてね！

ご感想《かんそう》を広告《こうこく》、書籍《しょせき》のPRに使用《しよう》させていただいてもよろしいでしょうか？

1．実名《じつめい》で可《か》　2．匿名《とくめい》で可《か》　3．不可《ふか》

郵 便 は が き

1 0 4 - 8 0 1 1

ここに切手《きって》を
貼《は》ってね！

朝日新聞出版　生活・文化編集部

「サバイバル」「対決」
「タイムワープ」シリーズ　係

☆**愛読者《あいどくしゃ》カード**☆シリーズをもっとおもしろくするために、みんなの感想《かんそう》を送《おく》ってね。
毎月《まいつき》、抽選《ちゅうせん》で10名《めい》のみんなに、サバイバル特製《とくせい》グッズをあげるよ。

☆**ファンクラブ通信《つうしん》への投稿《とうこう》**☆このハガキで、ファンクラブ通信《つうしん》のコーナーにも投稿《とうこう》できるよ！
たくさんのコーナーがあるから、いっぱい応募《おうぼ》してね。

ファンクラブ通信《つうしん》は、公式《こうしき》サイトでも読《よ》めるよ！ サバイバルシリーズ 検索《けんさく》

お名前《なまえ》			ペンネーム	※本名《ほんみょう》でも可《か》	
ご住所《じゅうしょ》	〒				
電話番号《でんわばんごう》			シリーズを何冊《なんさつ》もってる？	冊《さつ》	
性別《せいべつ》	男《おとこ》・女《おんな》	学年《がくねん》	年《ねん》	年齢《ねんれい》	才《さい》
コーナー名《めい》	※ファンクラブ通信《つうしん》への投稿《とうこう》の場合《ばあい》				

※ご提供《ていきょう》いただいた情報《じょうほう》は、個人情報《こじんじょうほう》を含《ふく》まない統計的《とうけいてき》な資料《しりょう》の作成等《さくせいなど》に使用《しよう》いたします。その他《た》の利用《りよう》について詳《くわ》しくは、当社《とうしゃ》ホームページ https://publications.asahi.com/company/privacy/ をご覧下《らんくだ》さい。

ごはん待《ま》つあいだ テレビ見《み》てても いい？
あっ 楽《たの》しみ～
うちはまだ「三種《さんしゅ》の神器《じんき》」が そろってないのよ
？
三種《さんしゅ》の神器《じんき》って？
電気洗濯機《でんきせんたくき》・テレビ・電気冷蔵庫《でんきれいぞうこ》のことさ！ 暮《く》らしを変《か》える 三種《さんしゅ》の神器《じんき》！
白黒《しろくろ》テレビ
うちにあるのは 洗濯機《せんたくき》だけ
電気冷蔵庫《でんきれいぞうこ》
電気洗濯機《でんきせんたくき》
オレたち 一般庶民《いっぱんしょみん》には 高嶺《たかね》の花《はな》 さ～～
ジョーは電気工事屋《でんきこうじや》さん なんだし テレビ くらいプレゼント したら？
ああ… いつかな！
そのうち みんな あたりまえの ように テレビを見《み》られる日《ひ》が 来《く》るはずさ！
うん！ そうだね
おっ そうだ！

ヒマなら この本《ほん》でも読《よ》んだら いい
大人気《だいにんき》なんだぞ
バサッ
「少年《しょうねん》」!? マンガ雑誌《ざっし》かな?
©光文社
あら わたしが勤《つと》めてる デパートのチラシが はさまってる
ミヤコちゃんデパートで はたらいてるんだー
あっ
世紀《せいき》の奇《き》術《じゅつ》師《し》来《き》たる!!
玉島屋《たましまや》デパート 屋上《おくじょう》に参上《さんじょう》!!

にっ…兄《にい》ちゃん これ見《み》て!!
おっ! 奇術《きじゅつ》だって おもしろそー
ちがうよ! この時計《とけい》!!
あーーーっ 怪人《かいじん》二十《にじっ》世紀《せいき》!!
どうしたの?
ボクたち この人《ひと》を捜《さが》して たんだ!
このショー やるの いつ!?
明日《あす》だ
ちゅるるる
もう 食《た》べてる…
しかも ひとりで…

終戦後《しゅうせんご》の人々《ひとびと》の暮《く》らし

① 焼《や》けあとからの出発《しゅっぱつ》!

戦争《せんそう》は終《お》わりましたが、日本《にほん》の都市《とし》の多《おお》くが焼《や》け野《の》原《はら》となりました。住《す》む場《ば》所《しょ》を失《うしな》った人《ひと》たちは、防空《ぼうくう》壕《ごう》のあとや、ありあわせの材料《ざいりょう》でつくった仮設《かせつ》小屋《ごや》〔バラック〕で暮《く》らしました。物《もの》の不足《ふそく》は戦時中《せんじちゅう》よりも深《しん》刻《こく》で、食《た》べるものや着《き》るものにも困《こま》る生活《せいかつ》が続《つづ》きました。

焼《や》け野原《のはら》の東京《とうきょう》
空襲《くうしゅう》で焼《や》け野原《のはら》となった東京《とうきょう》で、ドラム缶《かん》の風《ふ》呂《ろ》に入《はい》る人《ひと》

たるに住《す》む
大《おお》きなたるの中《なか》に住《す》む人《ひと》も現《あらわ》れた

もの知《し》りコラム

戦災孤児《せんさいこじ》が町《まち》にあふれた

戦争《せんそう》で両親《りょうしん》を失《うしな》ってひとりぼっちになった子《こ》どもがたくさんいました。そのような子《こ》どもたちを戦災孤児《せんさいこじ》といいます。親戚《しんせき》にひきとられたり、収容所《しゅうようじょ》に入《い》れられたりする孤児《こじ》もいましたが、行《ゆ》き場《ば》がなく、路《ろ》上《じょう》で生活《せいかつ》する孤児《こじ》もいました。

孤児《こじ》たちは、靴磨《くつみが》きをしたり、タバコの吸《す》い殻《がら》を拾《ひろ》って売《う》ったり、なかには集団《しゅうだん》で泥棒《どろぼう》をするなどして、なんとか生《い》き延《の》びていました。しかし、飢《う》えや寒《さむ》さで、多《おお》くの孤児《こじ》が命《いのち》を落《お》としました。

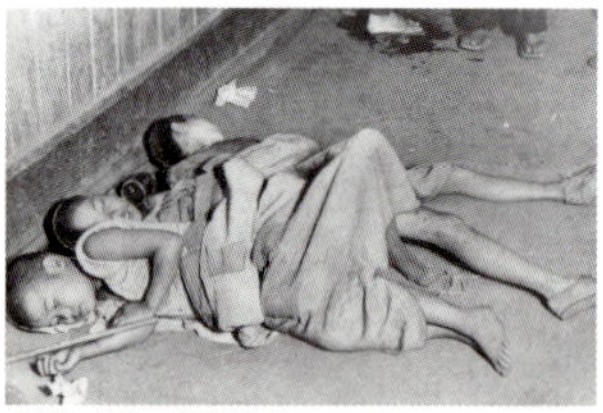

路上《ろじょう》で眠《ねむ》る戦災孤児《せんさいこじ》たち

② ヤミ市《いち》と買《か》い出《だ》し列車《れっしゃ》

食料《しょくりょう》や日用品《にちようひん》は、ひとり当《あ》たりに決《き》められた量《りょう》や数《かず》を国《くに》から配《くば》られる決《き》まり（配給制《はいきゅうせい》）でした。しかし、量《りょう》が少《すく》ないうえ、配給《はいきゅう》も遅《おく》れがちでした。そこで人々《ひとびと》は、ヤミ市《いち》と呼《よ》ばれる違法《いほう》な市場《いちば》に足《あし》を運《はこ》んだり、農《のう》村《そん》に買《か》い出《だ》しに行《い》ったりして、食料《しょくりょう》など、生《い》きるために必要《ひつよう》なものを手《て》に入《い》れていました。

ある裁判官《さいばんかん》は、法律《ほうりつ》を守《まも》って違法《いほう》な手段《しゅだん》で食《た》べものを買《か》わず、配給《はいきゅう》だけで生活《せいかつ》していましたが、栄養失《えいようしっ》調《ちょう》から病気《びょうき》になり、亡《な》くなってしまいました。

ヤミ市《いち》
違法《いほう》なルートで手《て》に入《い》れたものを売《う》っている市場《いちば》。値《ね》段《だん》は高《たか》いが、ここに来《く》れば必要《ひつよう》なものが手《て》に入《はい》った

買《か》い出《だ》し列車《れっしゃ》
地方《ちほう》の農村《のうそん》に食料《しょくりょう》を求《もと》めて買《か》い出《だ》しに行《い》き、東京《とうきょう》に帰《かえ》る人々《ひとびと》。お金《かね》や着物《きもの》、宝石《ほうせき》などを、食《た》べものと交換《こうかん》した

写真：すべて朝日新聞社

5章《しょう》
デパートの屋上《おくじょう》で

いらっしゃいませ――
うわぁ
スゲー
あ 来《き》た来《き》た
ハルトくん タクミくん こっちこっち!!

屋上《おくじょう》へは エレベーターが 速《はや》いわよ
チーン
ミヤコちゃん エレベーターガールなんだ
もうすぐ くるわよ
わー かっこいい

ガーッ

バッ
ぴちゃ
どんっ
わっ
ああっ!
おい こぞう!
どうしてくれるんだ?
ザワッ
ぼっちゃん
背広《せびろ》にジュースが
あっ
ごめんなさい
よけては
いたんだけど

お客様《きゃくさま》
申《もう》し訳《わけ》ございません
そのバカなガキどもは
このデパートに
似《に》つかわしくないな
この子《こ》たちは
悪《わる》くありません!
お言葉《ことば》ですが
お客様《きゃくさま》も　ジュースを持《も》って
混《こ》んだエレベーターに
お乗《の》りになるのは
いかがなものでしょうか
なんだと――!?
僕《ぼく》が悪《わる》かったというのか
めっ…めっそうも
ございませんっ!
すっ……
すみません
ボクたちを
かばってくれるのは
ありがたいけど…
ミヤコちゃん
ひと言《こと》多《おお》いんだから…

やっちゃった～
よけいなことを…
か…かわいいじゃん…
ま…まあ
今回《こんかい》は許《ゆる》してやるよ
行《い》くぞ
いいんですか？
ぼっちゃん
あの従業員《じゅうぎょういん》のことを
調《しら》べてくれ
はい
ヒソ

ミヤコちゃん
無事《ぶじ》にすんで
よかったわね
あの人《ひと》
うちの社長《しゃちょう》の
息子《むすこ》よ
え━━っ!?
早《はや》く
言《い》ってよう
どうしよう〜〜
─屋上《おくじょう》
TAMASHIN
奇術《きじゅつ》ショー
わー
遊園地《ゆうえんち》みたい
屋上《おくじょう》に
こんなのが
あるんだ〜
ちょっと遊《あそ》んでいくか?

奇《き》術《じゅつ》ショー
さあ 本日《ほんじつ》も すばらしい奇術《きじゅつ》を お目《め》にかけましょう
とくと ご覧《らん》あれ
ニジッセーキ!!
ぱっ
パタパタ
パチ…
パチ…
HIMAYA T
それ 前《まえ》にも 見《み》たー
もっとスゴイの やってー 体《からだ》が切《き》られても また戻《もど》るやつとか

どの時代《じだい》でも
なまいきな子《こ》どもは
いるんだな
そんなマジック
できたら
オレがおどろくっつーの
見《み》つけたぞ
怪人《かいじん》二十世紀《にじっせいき》!!
オレたちを
元《もと》の世界《せかい》に帰《かえ》せ!!
なんだ
なんだっ
おおっ！ アレは
手《て》に入《はい》ったのか？
アレ？ ああ……
いや…まだだけど
っていうか
なんだったっけ？
どだっ
なんだよ～
ざわ
なんか
いつものショーと
ちがうな
おもしろく
なってきたぞ
ざわ

だーかーらー 例《れい》のものを
持《も》ってきたらっていう
契約《けいやく》だっただろ？
ったくぅ
あ…そういえば…
そうなの？
もう おまえ
ひとりには
まかせておけん！
がしっ
来《こ》い！
ふわり

にっ……
兄《にい》ちゃんっ!!
わわわわ

さらばー
一度《いちど》やってみたかったんだ
カァ
タクミ〜〜
兄《にい》ちゃーーーん!!
オオー
スゲー
アドバルーン*で空《そら》を飛《と》んでるー!!
はじめてみたー
*アドバルーン＝広告《こうこく》をつり下《さ》げた気球《ききゅう》

おおー
いいぞいいぞ
パチ パチ
パチ パチ
拍手《はくしゅ》してる場合《ばあい》じゃなーい!!
タクミ! すまん 遅《おそ》くなった! あいつは見《み》つかったか?
オーイ
ジョー たいへんだよォ 兄《にい》ちゃんが連《つ》れていかれちゃった〜〜〜
ふわ
ふわ
ホントかよ…
あんぐり

日本国憲法《にほんこくけんぽう》が生《う》まれた！

① 新《あたら》しい憲法《けんぽう》をつくる！

GHQ《ジーエイチキュー》は、日本《にほん》が民主的《みんしゅてき》な国《くに》になるためには、新《あたら》しい憲法《けんぽう》が必要《ひつよう》だと考《かんが》えました。そこで、日本政府《にほんせいふ》は、GHQ《ジーエイチキュー》がつくった憲法《けんぽう》の案《あん》をもとにして、新《あたら》しい憲法《けんぽう》をつくりました。これが、現在《げんざい》の日本《にほん》の憲法《けんぽう》である「日《に》本国憲法《ほんこくけんぽう》」です。

日本国憲法《にほんこくけんぽう》は1946（昭和《しょうわ》21）年《ねん》11月3日《がつみっか》に公《こう》布《ふ》、翌年《よくねん》の5月3日《がつみっか》に施行《しこう》されました。現在《げんざい》、11月《がつ》3日《みっか》は「文化《ぶんか》の日《ひ》」、5月3日《がつみっか》は「憲法記念日《けんぽうきねんび》」として、国民《こくみん》の祝日《しゅくじつ》になっています。

新憲法《しんけんぽう》の紙芝居《かみしばい》
新憲法《しんけんぽう》の内容《ないよう》を国民《こくみん》に知《し》らせるために、憲法音《けんぽうおん》頭《ど》やカルタなど、さまざまなものがつくられた。紙芝居《かみしばい》もそのひとつ

みんな平等《びょうどう》
全国《ぜんこく》の家庭《かてい》に配《くば》られた新憲法《しんけんぽう》の解説《かいせつ》パンフレットから。新憲法《しんけんぽう》では、天皇《てんのう》も一《いっ》般《ぱん》の男性《だんせい》も女性《じょせい》も平等《びょうどう》であることを表《あらわ》している

もの知《し》りコラム

それまでの憲法《けんぽう》とどう違《ちが》う？

それまでの憲法《けんぽう》は、明治時代《めいじじだい》にできた「大日本帝国憲法《だいにほんていこくけんぽう》」でした。新《あたら》しい憲法《けんぽう》は、どこがどのように変《か》わったのでしょうか？

それまでの憲法《けんぽう》		新《あたら》しい憲法《けんぽう》
大日本帝国憲法《だいにほんていこくけんぽう》 1889年《ねん》2月《がつ》11日発布《にちはっぷ》		日本国憲法《にほんこくけんぽう》 1946年《ねん》11月《がつ》3日公布《みっかこうふ》
天皇《てんのう》	主権《しゅけん》	国民《こくみん》
国《くに》を統治《とうち》する存在《そんざい》で、議会《ぎかい》や内閣《ないかく》に承認《しょうにん》されなくても議会《ぎかい》の解散《かいさん》などができる	天皇《てんのう》	国《くに》の象徴《しょうちょう》で、政治上《せいじじょう》の権力《けんりょく》はない
天皇《てんのう》が率《ひき》い、国民《こくみん》には兵士《へいし》になる義務《ぎむ》がある	軍隊《ぐんたい》	軍隊《ぐんたい》を持《も》たず、戦争《せんそう》を放棄《ほうき》する
法律《ほうりつ》の範囲内《はんいない》において、言論《げんろん》、集会《しゅうかい》、信教《しんきょう》の自由《じゆう》などを認《みと》める	国民《こくみん》の権利《けんり》	すべての国民《こくみん》は生《う》まれながらにして、いかなるものにも侵害《しんがい》されない権利《けんり》を持《も》つ

昭和時代《しょうわじだい》のキーパーソン 4

「神《かみ》」から「国《くに》の象徴《しょうちょう》」へ

昭和天皇《しょうわてんのう》

★生没年《せいぼつねん》 1901 ～ 1989 年《ねん》

1926（昭和《しょうわ》1）年《ねん》に即位《そくい》。アメリカとの戦争《せんそう》には消極的《しょうきょくてき》だったという。戦後《せんご》、「人間宣言《にんげんせんげん》」をして、天皇《てんのう》の神格化《しんかくか》を否定《ひてい》した。

もの知りコラム

「日本国憲法《にほんこくけんぽう》」ってどんな憲法《けんぽう》？

「日本国憲法《にほんこくけんぽう》」は、3つの大《おお》きな柱《はしら》を持《も》っています。それは、「国民主権《こくみんしゅけん》」「基本的人権《きほんてきじんけん》の尊重《そんちょう》」「平和主義《へいわしゅぎ》」です。この3つの原理《げんり》に基《もと》づいて、さまざまな制度《せいど》も定《さだ》められました。たとえば、基本的人権《きほんてきじんけん》に基《もと》づく男女平等《だんじょびょうどう》の考《かんが》えによって、結婚《けっこん》は原則《げんそく》、本人同士《ほんにんどうし》の合意《ごうい》で自由《じゆう》にできることや、兄弟姉妹《きょうだいしまい》が平等《びょうどう》に財産《ざいさん》を相続《そうぞく》できるようになりました。また、民主主義《みんしゅしゅぎ》の教育《きょういく》を基本《きほん》として、小中学校《しょうちゅうがっこう》（9年間《ねんかん》）を義務教育《ぎむきょういく》にすることも定《さだ》められました。

国民主権《こくみんしゅけん》▶

国民《こくみん》が自分《じぶん》たちで責任《せきにん》を持《も》って、国《くに》の進《すす》む方向《ほうこう》を決《き》める。そのために、選挙《せんきょ》で国民《こくみん》の代表《だいひょう》を選《えら》び、国会《こっかい》で国《くに》のことを話《はな》し合《あ》う

◀基本的人権《きほんてきじんけん》の尊重《そんちょう》

一人《ひとり》ひとりが大切《たいせつ》にされ、平等《びょうどう》に生《い》きる権利《けんり》など、人間《にんげん》が生《う》まれながらに持《も》っている基本的《きほんてき》な権利《けんり》を守《まも》る

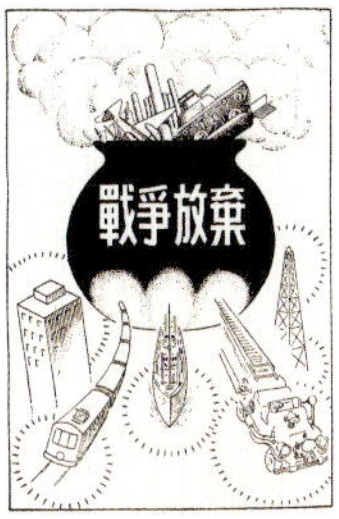

平和主義《へいわしゅぎ》▶

二度《にど》と戦争《せんそう》はしないこと、軍隊《ぐんたい》を持《も》たないことを決《き》めた。右《みぎ》の図《ず》は、中学生用《ちゅうがくせいよう》の教科書《きょうかしょ》として配《くば》られた「あたらしい憲法《けんぽう》のはなし」のイラスト。戦闘機《せんとうき》や軍艦《ぐんかん》を溶《と》かして、鉄道《てつどう》や船《ふね》をつくっている

写真：すべて朝日新聞社

6章《しょう》 東京《とうきょう》タワーで大《だい》ピンチ

カァ
カァ
ふわり
ふわり
……でも
あっ
パッ
いい景色《けしき》だね――
まずい
えっ
落《お》ちる
えーーっ
ぷしゅ～
カァ
カァ
カラスのやつ～～!!
わわわわわ

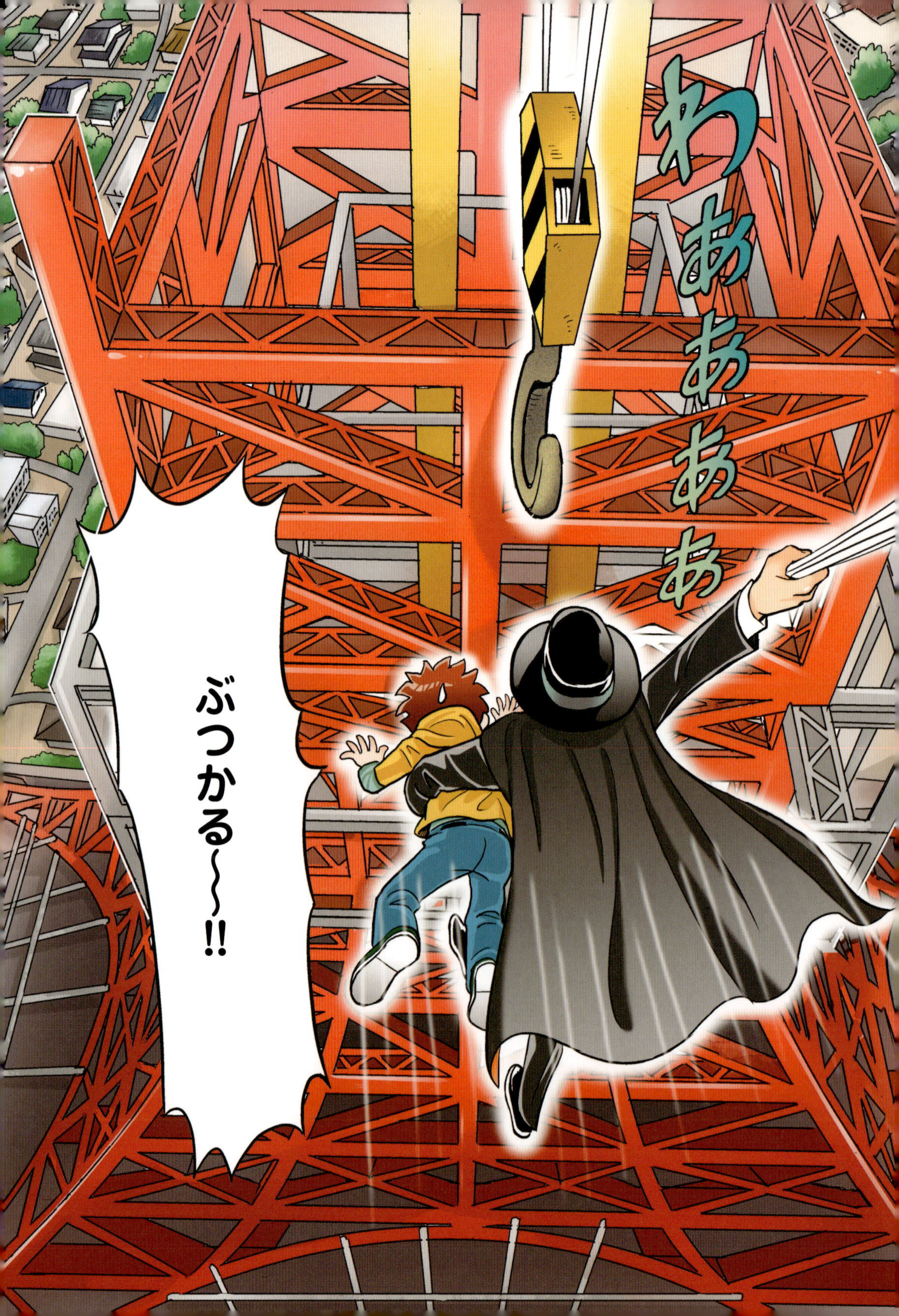
わああああ
ぶつかる〜〜!!

どっ……
どうする
どうする
ひゅううううう
ゴソゴソ
な……
何《なに》かない
か……
あああああああ
ぱあん

ぷらーーん
ぷらーーん

持《も》っててよかった……
びよーん
ゴムひも……

ブィイイン
あっ
兄《にい》ちゃんたちが東京《とうきょう》タワーに!!
ぶらさがってるー
怪人《かいじん》二十世紀《にじっせいき》め許《ゆる》せん!!
ジョー ありがと
オレだってまだ上《のぼ》ったことないのにっ!
ズルィ
そっちか…
つかまってろ!急《いそ》ぐぞ!!
ブィイイイ〜ン

とりあえずは落《お》ちずにすんだが……
びょーん
ぷらーん
さて…どうするか
ちょっととびうつれないなー
助《たす》けを呼《よ》べばそのままつかまってしまうしな……
あの〜〜おじさん
怪人《かいじん》二十世紀様《にじっせいきさま》と呼《よ》べっ
怪人様《かいじんさま》……おしっこ
ガマンせ——い!!

電波塔《でんぱとう》
工事中《こうじちゅう》
ついた!!
1958
おじさん!
上《うえ》に行《い》くには
どうすればいいの!?
あー　そこの
階段《かいだん》を上《のぼ》るしか
ねーな
えっと…ちなみに
何段《なんだん》くらいあるの?
ゴクッ…
高《たか》さはまだ
半分《はんぶん》くらいまでしか
できてないんだが
階段《かいだん》ができてるのは
600段《だん》くらい
かねぇ

600段《だん》……
ハッ!
わっ
あ〜 すごくトイレに行《い》きたくなってきた〜〜
わーっ
ユラ
ユラ
モジ
モジ
ジタバタするなーっ うんちマンだけじゃなく おしっこマンとも呼《よ》ばれるぞーっ
ガマンするっ!
よーし それでいい!

480
カン
490
カン
カン
カン
500！
あともう少《すこ》しだよっ
ハァ
ハァ
ジョ——!?
オ…オレ ちょっと もうムリ
コワイ…
あとは まかせた
ガクガク
えーっ
いや…電波塔《でんぱとう》 マジ高《たか》いわ……
立《た》つんだ〜
ジョオオオオオオオオオオ

ヒョオオオオオ
……オレ
ぼちぼち
限界《げんかい》に
実《じつ》は……
わたしも
兄《にい》ちゃん!!
あっ
タクミ!!
あ

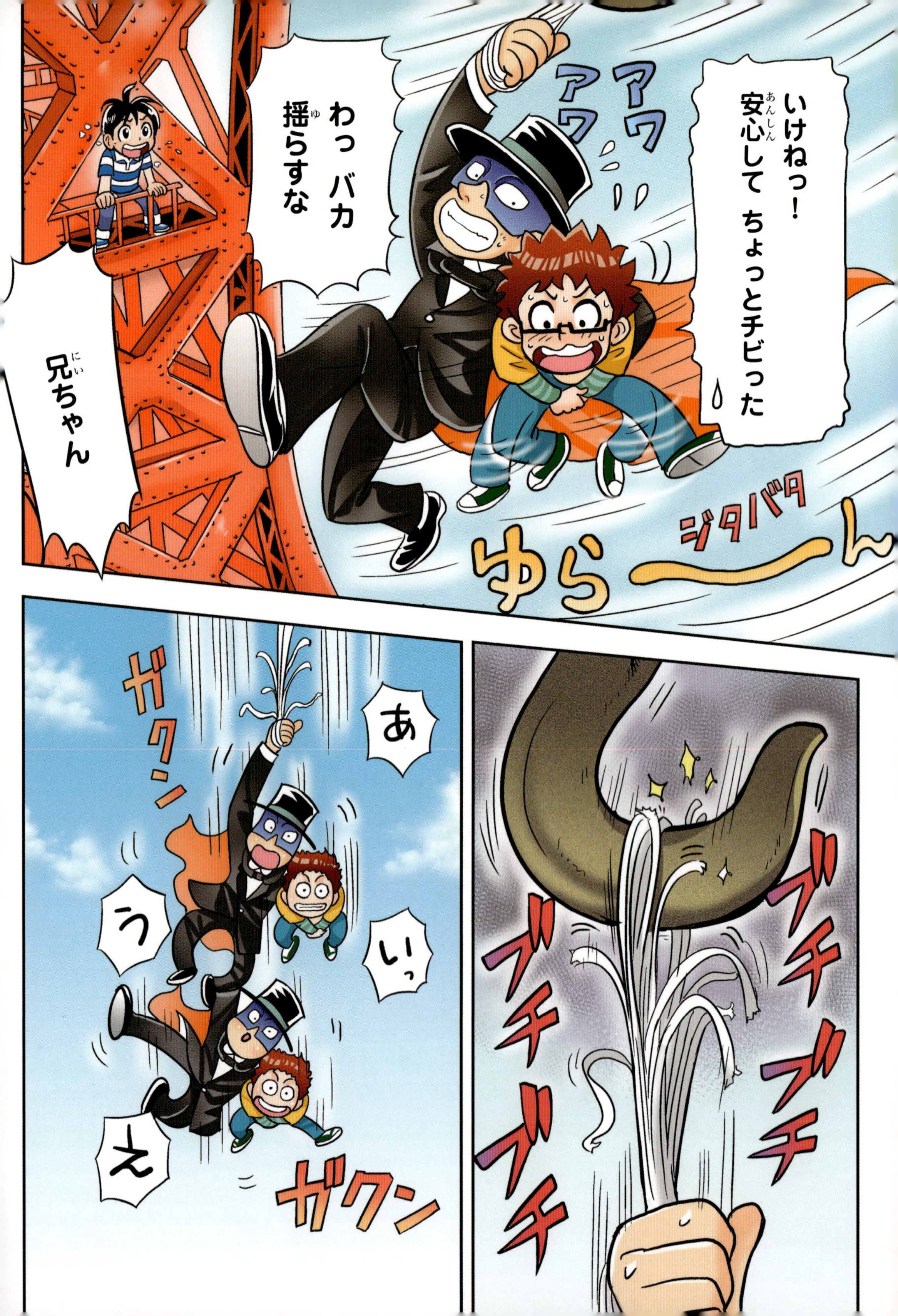
いけねっ！
安心《あんしん》して ちょっとチビった
アワアワ
わっ バカ 揺《ゆ》らすな
兄《にい》ちゃん
ジタバタ
ゆら——ん
ブチブチ
ブチブチ
あ
ガクン
う
いっ
え
ガクン

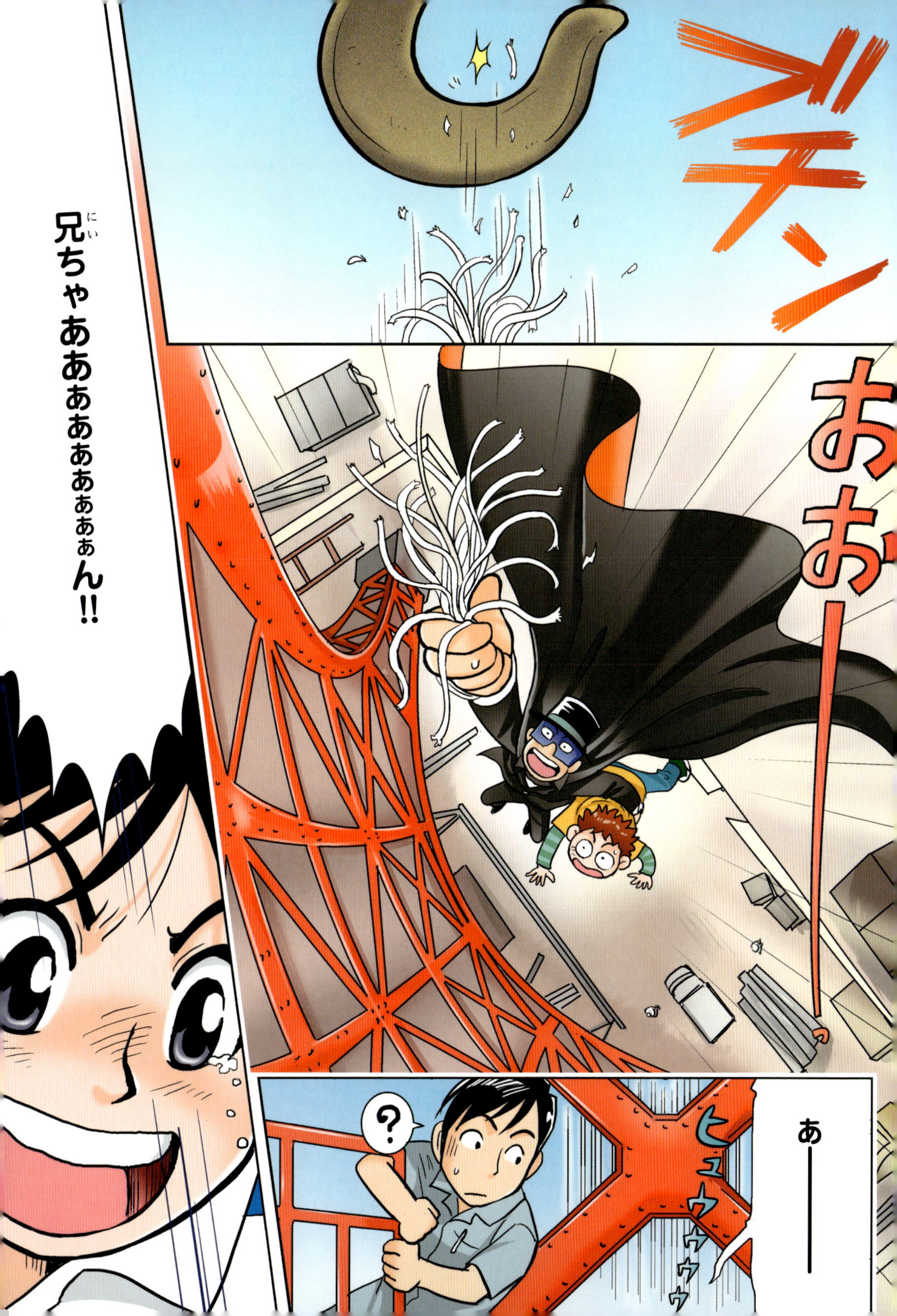
ブチン
おおー
兄《にい》ちゃああああぁぁぁぁん!!
?
あー
ヒュウウウウ

日本《にほん》、ようやく独立回復《どくりつかいふく》へ！

① ようやく独立《どくりつ》が回復《かいふく》できた

戦後《せんご》、日本《にほん》は戦争《せんそう》に勝《か》った連合国《れんごうこく》に統治《とうち》（支配《しはい》）されていました。戦争《せんそう》が終《お》わって6年後《ねんご》の1951（昭和《しょうわ》26）年《ねん》、アメリカのサンフランシスコで会議《かいぎ》がおこなわれ、日本《にほん》は、アメリカ、イギリスなど48カ国《こく》と戦争《せんそう》の講和条約《こうわじょうやく》を結《むす》びました。この条約《じょうやく》は、会議《かいぎ》がおこなわれた場所《ばしょ》の名《な》をとって、「サンフランシスコ平和条約《へいわじょうやく》」と呼《よ》ばれています。

この条約《じょうやく》によって、連合国《れんごうこく》の支配《しはい》は終《お》わり、日本《にほん》は再《ふた》びひとつの独立国《どくりつこく》として認《みと》められました。

平和条約《へいわじょうやく》にサインをする、当時《とうじ》の首相《しゅしょう》・吉田茂《よしだしげる》（左《ひだり》）

もの知《し》りコラム

吉田《よしだ》のトイレットペーパー

サンフランシスコの会議《かいぎ》の席《せき》で、日本代表《にほんだいひょう》の吉田茂首相《よしだしげるしゅしょう》は条約《じょうやく》を受《う》け入《い》れる演説《えんぜつ》をしました。その時《とき》に吉田首相《よしだしゅしょう》が持《も》っていた原稿《げんこう》は、長《なが》～い巻紙《まきがみ》。じつは、＊1初《はじ》めに用意《ようい》された演説《えんぜつ》の原稿《げんこう》は英語《えいご》でした。しかし、吉田首相《よしだしゅしょう》の側近《そっきん》の白洲次郎《しらすじろう》が「日本《にほん》が国際社会《こくさいしゃかい》に復帰《ふっき》する演説《えんぜつ》が英語《えいご》なんてとんでもない」と言《い》い、日本語《にほんご》の演説《えんぜつ》に書《か》き直《なお》させたのです。できあがった巻《まき》紙《がみ》の原稿《げんこう》は30mにもなり、外国《がいこく》の記者《きしゃ》たちは、「トイレットペーパーのようだ」と言《い》ったそうです。

＊1 日本語《にほんご》にしたのは、アメリカ側《がわ》の要請《ようせい》だったとする説《せつ》もある

②「日米安保条約《にちべいあんぽじょうやく》」も結《むす》んだ

世界《せかい》の国々《くにぐに》と平和条約《へいわじょうやく》を結《むす》んだ同《おな》じ日《ひ》、日本《にほん》はアメリカ（米《べい》）と「日米安全保障条約《にちべいあんぜんほしょうじょうやく》（安保条約《あんぽじょうやく》）」も結《むす》びました。これは、日本《にほん》にアメリカ軍《ぐん》の基地《きち》を置《お》くことを認《みと》める条約《じょうやく》です。

この頃《ころ》、アメリカとソ連《れん》（現在《げんざい》のロシアなど）は対立《たいりつ》し、互《たが》いに自分《じぶん》の陣営《じんえい》に世界《せかい》の国々《くにぐに》を引《ひ》き入《い》れようとしていました。このような武力《ぶりょく》を使《つか》わない対立《たいりつ》を「冷《つめ》たい戦争《せんそう》（冷戦《れいせん》）」と呼《よ》んでいます。アメリカが日米安保条約《にちべいあんぽじょうやく》を結《むす》んだのは、地理的《ちりてき》にソ連《れん》の近《ちか》くに位置《いち》する日本《にほん》を、独立回復後《どくりつかいふくご》も自分《じぶん》の陣営《じんえい》にしておくためでした。

もの知《し》りコラム

沖縄《おきなわ》の復帰《ふっき》まで20年《ねん》かかった！

日本《にほん》が独立《どくりつ》を回復《かいふく》したあとも、＊2沖縄《おきなわ》はアメリカに統治《とうち》されたままでした。アメリカに統治《とうち》されていた頃《ころ》は、通貨《つうか》はドルで、車《くるま》の交通《こうつう》も、アメリカに合《あ》わせて右側通行《みぎがわつうこう》でした。沖縄《おきなわ》は、「サンフランシスコ平和条約《へいわじょうやく》」が発効《はっこう》してから20年《ねん》後《ご》の1972（昭和《しょうわ》47）年《ねん》、ようやく日本《にほん》に復帰《ふっき》しました。

＊2 沖縄以外《おきなわいがい》に、トカラ列島《れっとう》、奄美群島《あまみぐんとう》、小笠原諸島《おがさわらしょとう》も、アメリカの統治《とうち》が続《つづ》いた。トカラ列島《れっとう》は1952（昭和《しょうわ》27）年《ねん》、奄美群島《あまみぐんとう》は1953（昭和《しょうわ》28）年、小笠原諸島《おがさわらしょとう》は1968（昭和《しょうわ》43）年に日本《にほん》に復帰《ふっき》した

昭和時代《しょうわじだい》のキーパーソン 5

戦後《せんご》の日本《にほん》を導《みちび》いた首相《しゅしょう》

吉田《よしだ》 茂《しげる》

★生没年《せいぼつねん》 1878～1967年《ねん》

外交官《がいこうかん》、政治家《せいじか》。1946（昭和《しょうわ》21）年《ねん》に首相《しゅしょう》に就任《しゅうにん》。1954（昭和《しょうわ》29）年《ねん》まで、合計《ごうけい》7年間首相《ねんかんしゅしょう》をつとめ、占領期《せんりょうき》から独立期《どくりつき》の日本《にほん》の政治《せいじ》を担《にな》った。

昭和時代《しょうわじだい》のキーパーソン 6

「従順《じゅうじゅん》ならざる唯一《ゆいいつ》の日本人《にほんじん》」

白洲次郎《しらすじろう》

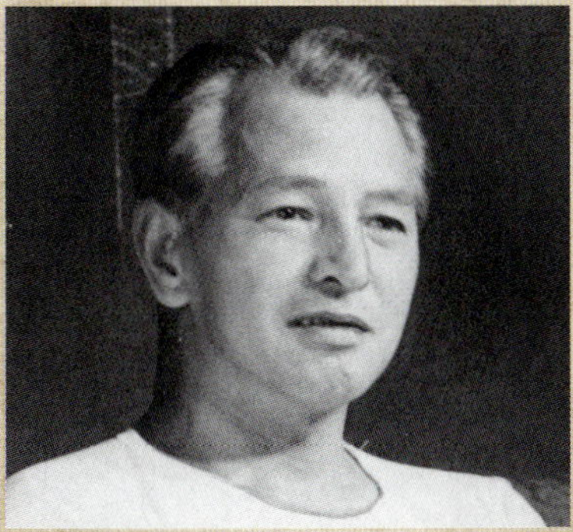

★生没年《せいぼつねん》 1902～1985年《ねん》

官僚《かんりょう》、実業家《じつぎょうか》。ＧＨＱ《ジーエイチキュー》との交渉《こうしょう》にあたる。堂々《どうどう》と意見《いけん》を述《の》べる態度《たいど》に、ＧＨＱ《ジーエイチキュー》から「従順《じゅうじゅん》ならざる唯一《ゆいいつ》の日本人《にほんじん》」といわれた。

写真：すべて朝日新聞社

7章《しょう》
降《お》りた先《さき》は
新幹線《しんかんせん》！

ハッ
そうだった！
ひぅぅぅぅぅ
え——っと
カチカチカチカチ
あ
まちがえた
カチ
よし！
つかまれ！
早《はや》く早《はや》く〜

タクミ！ハルトはいたか？
兄《にい》ちゃん……
どこにもいないよ…ジョー
高《たか》いところは下《お》りるのもこわいな
きっとまた怪人二十世紀《かいじんにじっせいき》がタイムワープしちゃったんだ
ボクをおいて…どうしよう…
タイムワープ？なんだそりゃ
うまいのか？
ブゥゥゥ

しまった 遅《おそ》かったか
なっ
あっ！ タイムパトロール・ジロ――!!
たいへんだよ 怪人《かいじん》二十世紀《にじっせいき》がまた タイムワープで
うん…そのようだね でも だいじょうぶ！ いつの時代《じだい》に行《い》ったか つかめそうだよ
必《かなら》ず怪人《かいじん》をつかまえて ハルトくんを元《もと》の世界《せかい》に 戻《もど》してあげるよ
さあ キミだけでも 先《さき》に 元《もと》の世界《せかい》へ 戻《もど》してあげよう
あっ ありがとう
で…でも……

あんな兄《にい》ちゃん
でも
だれがあんなやねん
ぼくのたったひとりの
大切《たいせつ》な兄《にい》ちゃんなんだ
ボクも一緒《いっしょ》に捜《さが》させてよ
おっ…おい
オレにもわかるように
説明《せつめい》しろ！
あんた どこから
どうやって
来《き》たんだよっ
どうやって
カクカク
……
……
……
シカジカ
なに——!?
未来《みらい》から来《き》た——!?
でタクミと
ハルトは
オレの孫《まご》!?
ホントにか!?

っつか オレとミヤコは
結婚《けっこん》するのか〜〜〜！
いや〜
どうしよう〜♥♥♥
まいったなー
やっぱり
愛《あい》は通《つう》じる
んだなー
いや！
この子《こ》たちが
この時代《じだい》に来《き》たせいで
歴史《れきし》が変《か》わり始《はじ》めている
もしかしたら
結婚《けっこん》できないかも
しれないぞ
ありうる！
そっ
そんな〜
オイオイオイ
頼《たの》む!!　オレとミヤコを
無事《ぶじ》に結婚《けっこん》させて
くれ!!
がしっ
一刻《いっこく》も早《はや》く
兄《にい》ちゃんを助《たす》けて
元《もと》の通《とお》りの歴史《れきし》に
しなくっちゃ

1964年《ねん》10月《がつ》
アーン…
みなさん ご覧《らん》になっております でしょうか!!
パシャ
これが夢《ゆめ》の超特急《ちょうとっきゅう》 新幹線《しんかんせん》です!!
パシャ

プアアア
東京と新大阪をわずか4時間《じかん》で結《むす》ぶ新《あたら》しい鉄道時代《てつどうじだい》の幕開《まくあ》けです!!
ブゥン
ドゴー
わあ

ざわ　ざわ
なに?
とつぜん出《で》てきたぞ
いたた
イタタ
ザワ
あやしい男《おとこ》だ
ゲ
ああっ!!
これは……
0系《ゼロけい》新幹線《しんかんせん》じゃないか!!
カッコイイ〜〜
カワイイ〜〜
おまえ電車《でんしゃ》好《す》きなの?

＊営業運転（お客さんを乗せた運転）では、当時、世界最速

そう！
東京《とうきょう》オリンピックの開催《かいさい》された年《とし》だ
え？
東京《とうきょう》オリンピックは2021年《ねん》だよ？
ふふっ 最初《さいしょ》の東京《とうきょう》オリンピックは1964年《ねん》だったんだよ
さあ急《いそ》ごう！
フィイイン
じゃあね ジョー 1964年《ねん》にまた会《あ》おうね！
お……おう
う━ん……
ぜんぜん言《い》ってることわかんねーや
本当《ほんとう》に消《き》えてるし…

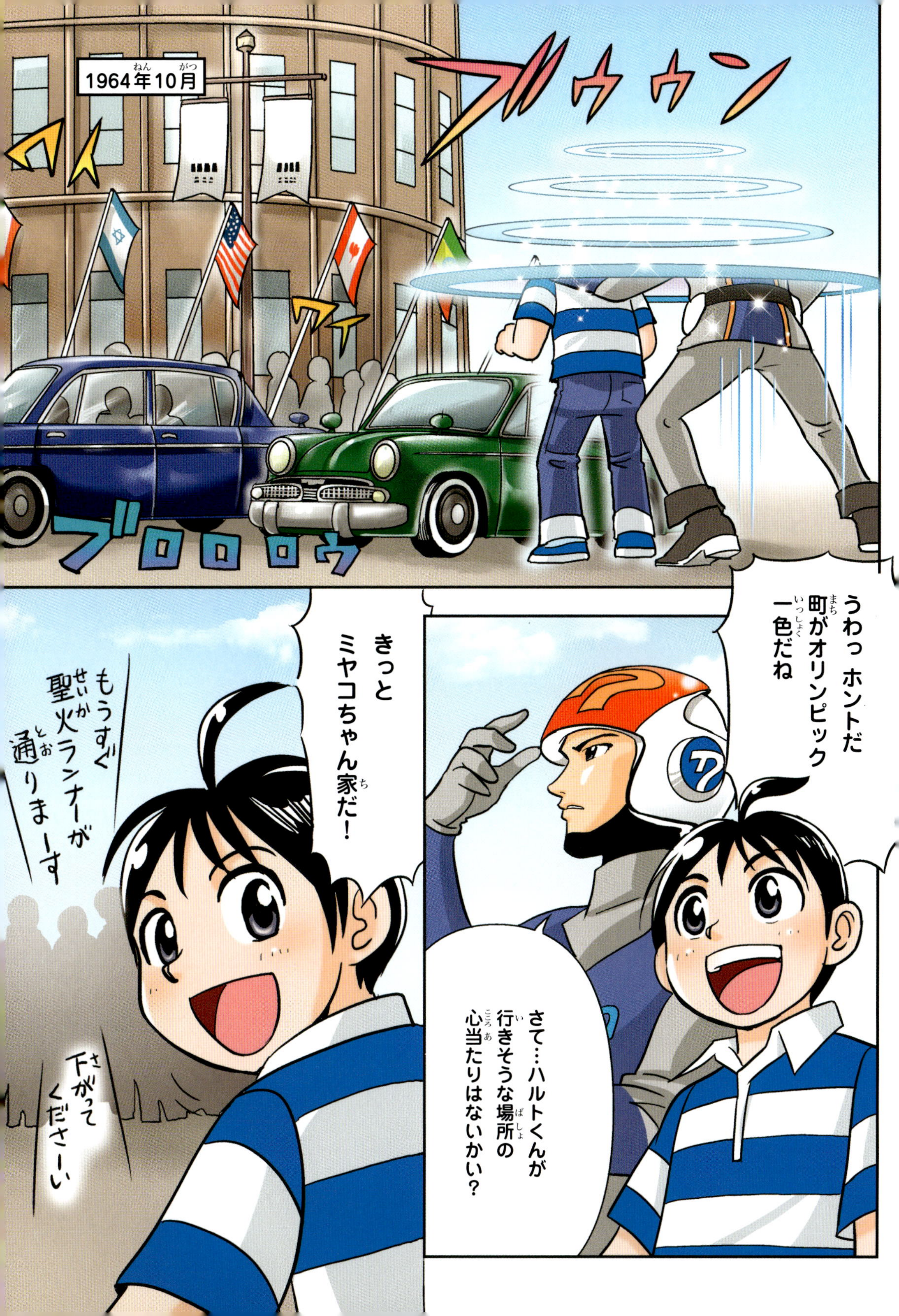
1964年《ねん》10月《がつ》
ブルウゥウン
ワイ
ワイ
ブロロロウ
うわっ ホントだ 町《まち》がオリンピック一色《いっしょく》だね
さて…ハルトくんが行《い》きそうな場所《ばしょ》の心当《こころあ》たりはないかい？
きっとミヤコちゃん家《ち》だ！
もうすぐ聖火《せいか》ランナーが通《とお》りまーす
下《さ》がってくださーい

ねえ　怪人二十世紀《かいじんにじっせいき》は 何《なに》をしたいのかな？
ブゥゥ
うん…怪人二十世紀《かいじんにじっせいき》は 子《こ》どもを利用《りよう》して 何《なに》かを手《て》に入《い》れようと しているようだ
おそらく 子《こ》どもしか 手《て》に入《はい》らないものを…… だから　いつも子《こ》どもの そばに出没《しゅつぼつ》して
話《はなし》に乗《の》りそうな 子《こ》どもを探《さが》して いるんだ
それにまんまと 乗《の》っかっちゃったのが うちの兄《にい》ちゃんか
あっ ジョーのバイクだ
ジョーも ここにいるよ！

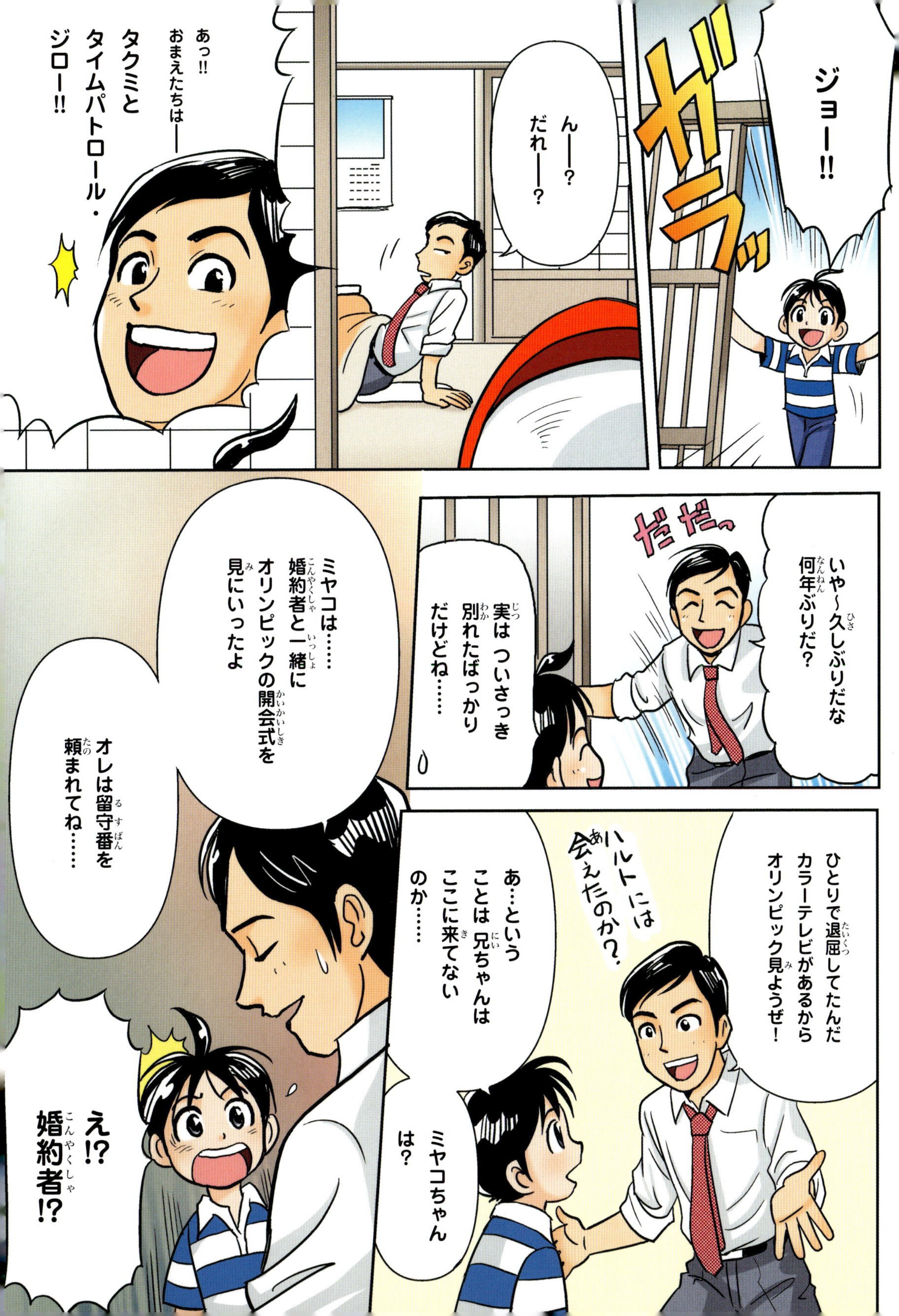
ジョー!!
ガラッ
ん──? だれ──?
あっ!! おまえたちは──
タクミとタイムパトロール・ジロー!!
いや～久《ひさ》しぶりだな 何年《なんねん》ぶりだ?
だだっ
実《じつ》は ついさっき 別《わか》れたばっかりだけどね……
ミヤコは…… 婚約者《こんやくしゃ》と一緒《いっしょ》に オリンピックの開会式《かいかいしき》を見《み》にいったよ
オレは留守番《るすばん》を頼《たの》まれてね……
ひとりで退屈《たいくつ》してたんだ カラーテレビがあるから オリンピック見《み》ようぜ!
ハルトには会《あ》えたのか?
あ…ということは 兄《にい》ちゃんは ここに来《き》てないのか……
ミヤコちゃんは?
え!? 婚約者《こんやくしゃ》!?

＊御曹司《おんぞうし》＝名門《めいもん》やお金持《かねも》ちの家《いえ》の子《こ》ども。ここでは、社長《しゃちょう》の息子《むすこ》のこと

どうしてジョーは
ミヤコちゃんに何《なに》も
言《い》わなかったの？
好《す》きなんでしょ？
そ…そんな
オレなんて……
オレは しがない電気工事屋《でんきこうじや》さ
デパートの御曹司《おんぞうし》にかなうわけも
ないよ 最初《さいしょ》っからな
それに大金持《おおがねも》ちだから
ミヤコのお母《かあ》さんの面倒《めんどう》だって
見《み》てもらえるんだ
で…
でも…
ミヤコはあいつと
結婚《けっこん》したほうが幸《しあわ》せなんだよ
会《あ》えてうれしかったよ
じゃあな……
ピシャ
ぎゅうぅ

なんだよっ 幸《しあわ》せかどうかを
決《き》めるのは ミヤコちゃんだろ!?
そんなの
全部《ぜんぶ》 ジョーが自分《じぶん》の気持《きも》ち
伝《つた》えられなかった言《い》い訳《わけ》じゃ
ないか!!
ジョーの弱虫《よわむし》!!

もういいよっ！
行《い》こっ！
ジローー!!
プリ
プリ
あれ？
もし
おじいちゃんと
おばあちゃんが
結婚《けっこん》しなかった
ら……
ボクと兄《にい》ちゃんは
どうなるんだ？
キミたちは
この世《よ》に生《う》まれて
こない
つまり……
存在自体《そんざいじたい》が
消《き》えてしまう
——!!
ボクが
消《き》えていく!!

戦《せん》後《ご》の日《に》本《ほん》を照《て》らした光《ひかり》

① 人々《ひとびと》に勇気《ゆうき》を与《あた》えたニュース

戦後間《せんごま》もない1949（昭和《しょうわ》24）年《ねん》の夏《なつ》、アメリカでおこなわれた全米水上選手権大会《ぜんべいすいじょうせんしゅけんたいかい》で、日本《にほん》の古橋《ふるはし》広之進選手《ひろのしんせんしゅ》が世界新記録《せかいしんきろく》を連発《れんぱつ》し、優勝《ゆうしょう》しました。アメリカの人々《ひとびと》は、古橋選手《ふるはしせんしゅ》の快挙《かいきょ》に驚《おどろ》き、日本《にほん》の有《ゆう》名《めい》な富士山《ふじさん》にちなんで「フジヤマのトビウオ」と呼《よ》んでほめたたえました。同《おな》じ年《とし》の秋《あき》には、科学者《かがくしゃ》の湯川《ゆかわ》秀樹博士《ひできはかせ》が、日本人初《にほんじんはつ》のノーベル賞《しょう》（物理学賞《ぶつりがくしょう》）を受《じゅ》賞《しょう》しました。

さらに1951（昭和《しょうわ》26）年《ねん》には、黒澤明監督《くろさわあきらかんとく》の映《えい》画《が》「羅生門《らしょうもん》」が、イタリアのベネチア国際映画祭《こくさいえいがさい》グランプリを受賞《じゅしょう》します。

戦争《せんそう》に負《ま》けて自信《じしん》を失《うしな》っていた日本《にほん》の人々《ひとびと》は、これらの明《あか》るいニュースに、たいへん勇気《ゆうき》づけられました。

昭和時代《しょうわじだい》のキーパーソン 7

日本人初《にほんじんはつ》のノーベル賞受賞《しょうじゅしょう》

湯川秀樹《ゆかわひでき》

★生没年《せいぼつねん》 1907～1981年《ねん》

物理学者《ぶつりがくしゃ》。1934（昭和《しょうわ》9）年《ねん》に、素粒子《そりゅうし》における中間子《ちゅうかんし》の存在《そんざい》を予言《よげん》。その功績《こうせき》により、1949（昭和《しょうわ》24）年《ねん》、ノーベル物理学賞《ぶつりがくしょう》を受賞《じゅしょう》した。

ふんどし姿《すがた》の古橋広之進選手《ふるはしひろのしんせんしゅ》

戦後《せんご》の食料不足《しょくりょうぶそく》のなか、イモやトウモロコシを食《た》べて練習《れんしゅう》に励《はげ》んだ。ふんどし姿《すがた》で練習《れんしゅう》し、試合《しあい》の時《とき》は、ふんどしの上《うえ》に水泳《すいえい》パンツをはいて泳《およ》いだという

もの知《し》りコラム

戦後《せんご》日本《にほん》で起《お》こった大《だい》ブーム！

1950年代《ねんだい》に入《はい》ると、日本《にほん》は戦後《せんご》の混乱《こんらん》から抜《ぬ》け出《だ》し、人々《ひとびと》はおだやかな日常《にちじょう》を取《と》り戻《もど》しました。そんななか、いくつものブームが起《お》きました。

ラジオドラマ・映画《えいが》「君《きみ》の名《な》は」

銭湯《せんとう》がからっぽに
1952（昭和《しょうわ》27）年《ねん》から放送《ほうそう》のラジオドラマ「君《きみ》の名《な》は」は、愛《あい》し合《あ》う男女《だんじょ》がすれ違《ちが》う悲恋《ひれん》の物語《ものがたり》。放送時間《ほうそうじかん》には、家《いえ》で放送《ほうそう》を聞《き》くため、銭湯《せんとう》の女湯《おんなゆ》がからっぽになったという

「真知子巻《まちこま》き」が大流行《だいりゅうこう》
「君《きみ》の名《な》は」は映画《えいが》にもなり、ヒロインの氏家真《うじいえま》知子《ちこ》のストールの巻《ま》き方《かた》が女性《じょせい》に大流行《だいりゅうこう》。「真知《まち》子巻《こま》き」と呼《よ》ばれた

映画《えいが》「ゴジラ」

初代《しょだい》のゴジラ
1954（昭和《しょうわ》29）年《ねん》に公開《こうかい》された「ゴジラ」。水爆実験《すいばくじっけん》によって眠《ねむ》りをさまされた怪獣《かいじゅう》ゴジラが、日本《にほん》を襲《おそ》うというストーリー。ゴジラが大人《だいにん》気《き》になり、続編《ぞくへん》もたくさんつくられた

写真：東宝

プロレス 力道山《りきどうざん》

必殺技《ひっさつわざ》は空手《からて》チョップ
力道山《りきどうざん》（右写真《みぎしゃしん》の左《ひだり》）は1950年代《ねんだい》に活躍《かつやく》したプロレスラーで、必殺技《ひっさつわざ》・空手《からて》チョップは、「伝家《でんか》の宝刀《ほうとう》」と呼《よ》ばれた。左写《ひだりしゃ》真《しん》は、力道山《りきどうざん》の試合《しあい》を見《み》るため、街頭《がいとう》テレビに集《あつ》まる人々《ひとびと》

写真：クレジットのないものは朝日新聞社

8章《しょう》 このままじゃボクらが消《き》える!?

あんなヘナチョコ御曹司《おんぞうし》になんか渡《わた》さねーー!!
待《ま》ってろミヤコーー!!
それでこそボクのおじいちゃんだー
ダッ
ーーさぁ
河西書店《かさいしょてん》
早《はや》く例《れい》のものを買《か》ってくるのだ
ああ…うん例《れい》のもの…ね
え!?
発売中《はつばいちゅう》

あの……
なんか…手《て》が
消《き》えかかってるんだけど
はーーー!? なんで
ここまできて……
何《なん》なんだよ ハルトォ
本日《ほんじつ》発売《はつばい》
○○入荷《にゅうか》
何《なん》なんだって
言《い》われても
ドドドドドドド
あっ
あいつらは……
ドドドド
ミヤコー

タクミ!!
あっ！兄《にい》ちゃんだ!!
タクミ〜会《あ》えてよかったよ——
ダダダ
手《て》が消《き》えかけてるんだよ〜 どうなってんだ？
それはあとで説明《せつめい》するよっ
とにかく今《いま》はジョーを追《お》いかけて!!
ダダダ
おっおう！
あっおい
ダッ
見《み》つけたぞ——怪人《かいじん》二十世紀《にじっせいき》——!!
観念《かんねん》しろ〜
タタタタタ
ゲゲッ
あいつまで…

わーーっ
まてー
オリンピック発祥《はっしょう》の地《ち》
ギリシャからはるばる
運《はこ》ばれてきた聖火《せいか》
ワー
ワ
ワ
その聖火《せいか》を持《も》ったランナー
が今《いま》 われわれの前《まえ》で
――……
わーーっ
はずかし～
――……
抜《ぬ》かれていきました……
ドダダダ

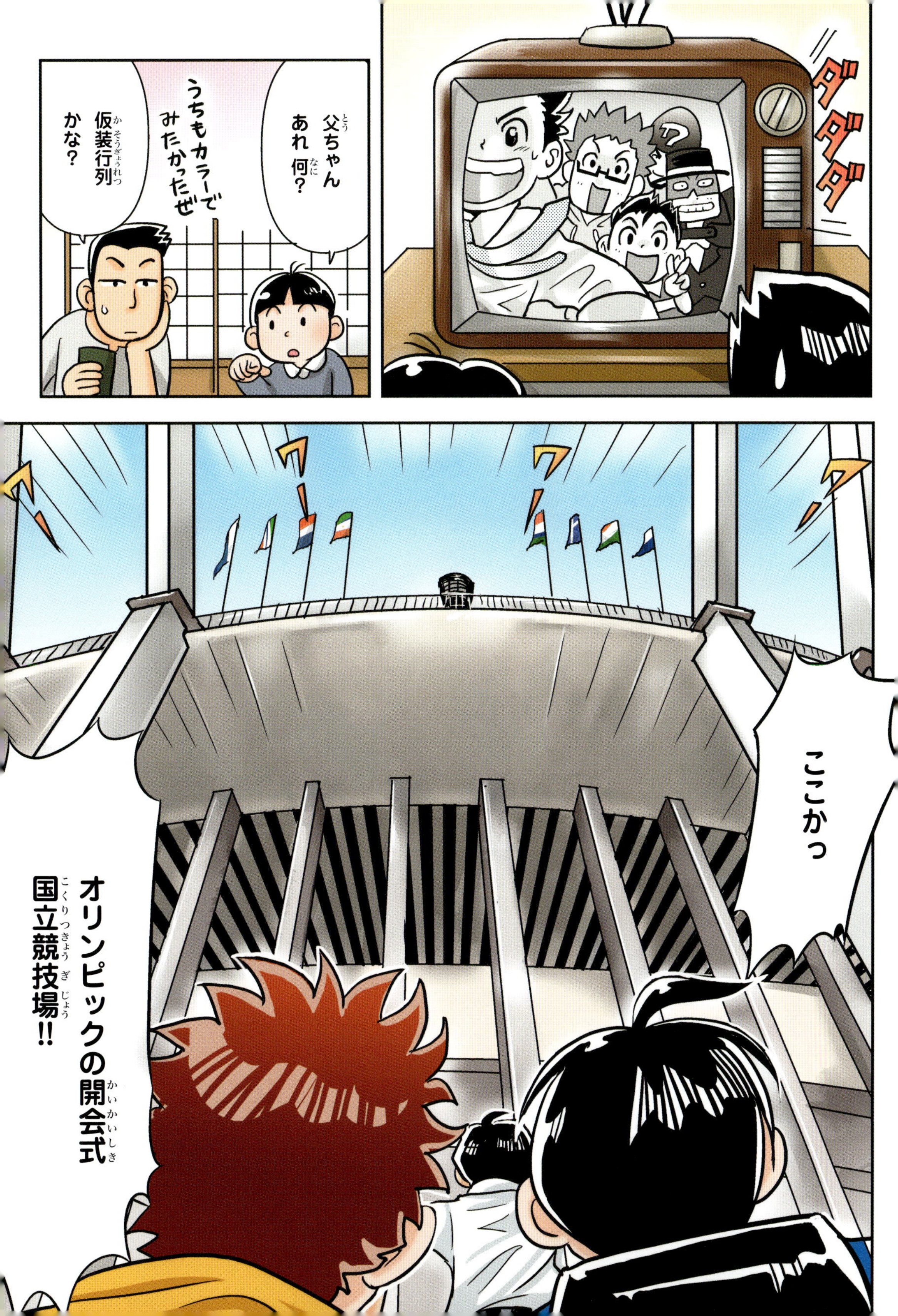
ダダダ
父《とう》ちゃん あれ 何《なに》?
うちもカラーでみたかったぜ
仮装行列《かそうぎょうれつ》かな?
ここかっ
オリンピックの開会式《かいかいしき》
国立競技場《こくりつきょうぎじょう》!!

あっ コラ!
ダダッ
ミヤコ ちゃーん
怪人《かいじん》も一緒《いっしょ》に捜《さが》してよ!
なんで わたしが
あんたが すべての原因《げんいん》でしょー!!
待《ま》てっ
しまった…
もう通《とお》さんぞ
ハルト どんどん消《き》えてるな
ミヤコちゃん
ヒッ
と父《とう》ちゃん今《いま》 生首《なまくび》が通《とお》ってったよ
バカなこと言《い》ってないで ちゃんと開会式《かいかいしき》を見《み》なさい
ヤミ市《いち》から押《お》し売りまでした オレが子どもと オリンピックを見《み》ているとは…
戦後《せんご》の焼《や》け野原《のはら》から オレも日本《にほん》も ここまで来《き》たんだなぁ
じーん

さあ いよいよ開催国《かいさいこく》のーー
ミヤコさん
この最新《さいしん》の8ミリカメラに映像《えいぞう》をおさめて僕《ぼく》たちの記念《きねん》にしましょう
いよいよ日本選手《にほんせんしゅ》の入場《にゅうじょう》ですよ
ミヤコちゃん!!
えっ タクミく……

ミヤコ!!
大事《だいじ》なことを伝《つた》えにきたんだ!! 聞《き》いてくれ!
なんだ? あいつ 留守番《るすばん》してろって 言《い》ったのに
ジョーくん……
――っていうか
タクミくんたち 透《す》けてない??
ぼやーん
ずっと言《い》えなかった けど――いつも 考《かんが》えてたんだ!!
オレと 結婚《けっこん》してくれ!!

はあ？　いきなり
失礼《しつれい》なやつだなっ
今《いま》の状況《じょうきょう》を見《み》て
わかんないのか？
じゃまだから
あっち行《い》けっ
シッシッ
ミヤコちゃん!!
忘《わす》れちゃったの!?
ジョーはいつだって
ミヤコちゃんを
助《たす》けてくれたじゃ
ないか!!
いつだって　ミヤコちゃんの
幸《しあわ》せを考《かんが》えてたじゃ
ないか!!
バッ
タクミくん
ハルトくん
ひっ　生首《なまくび》？

大変《たいへん》だと思《おも》ってよっ
石《せっ》けん売《う》れたよ！
これでお母《かあ》さんの薬《くすり》を…
よし！直《なお》った！
ちっ！つきあってられないね 行《い》こう ミヤコさん
父《ちち》にもっといい席《せき》を用意《ようい》してもらうよ
おまえら座《すわ》っていいぜ
ガタッ

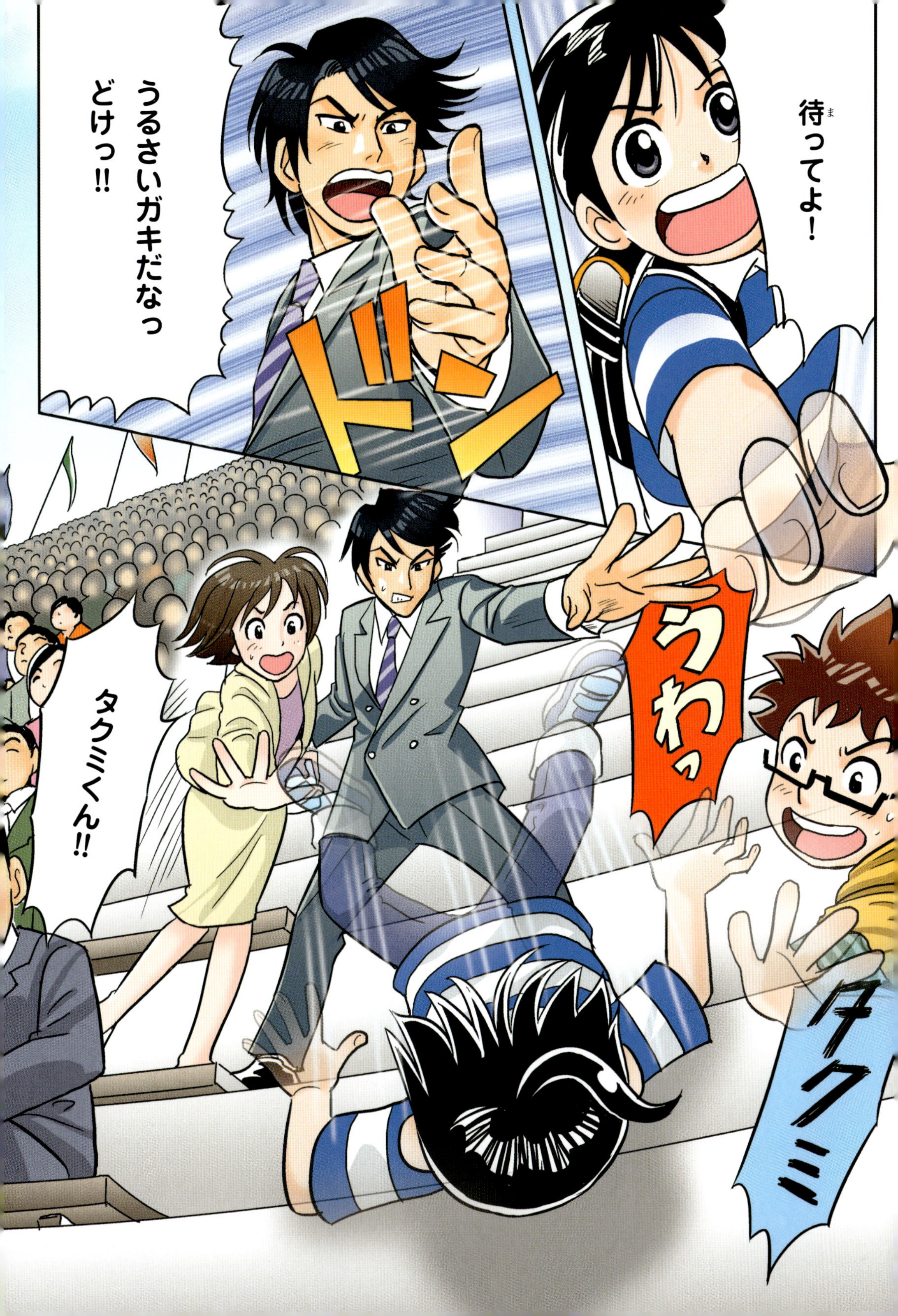
待《ま》ってよ！
うるさいガキだなっ
どけっ!!
ドン
うわっ
タクミ
タクミくん!!

高度経済成長期《こうどけいざいせいちょうき》の日本《にほん》

① きっかけは朝鮮戦争《ちょうせんせんそう》

1950年《ねん》、ソ連《れん》が支援《しえん》する北朝鮮《きたちょうせん》が、アメリカが支援《しえん》する韓国《かんこく》へ攻《せ》め込《こ》み、戦争《せんそう》が起《お》こりました。これを朝鮮戦争《ちょうせんせんそう》と呼《よ》びます。アメリカは日本《にほん》に、戦争《せんそう》に必《ひつ》要《よう》な物資《ぶっし》をつくらせたり、武器《ぶき》の修理《しゅうり》をさせたりしたので、日本《にほん》はたいへんもうかりました。

この好景気《こうけいき》で、日本《にほん》の経済《けいざい》は1950年代半《ねんだいなか》ばには戦争前《せんそうまえ》のレベルまで戻《もど》りました。1956（昭和《しょうわ》31）年《ねん》の「経済白書《けいざいはくしょ》」（政府《せいふ》が出《だ》す日本経済《にほんけいざい》についての報《ほう》告書《こくしょ》）には、「もはや戦後《せんご》ではない」と書《か》かれ、この言葉《ことば》は流行語《りゅうこうご》になりました。

アメリカ軍用《ぐんよう》の兵器《へいき》をつくる工場《こうじょう》
夜間《やかん》に周囲《しゅうい》を照《て》らすための照明弾《しょうめいだん》をつくっている

建設中《けんせつちゅう》の東京《とうきょう》タワー
東京《とうきょう》タワーは1958（昭和《しょうわ》33）年《ねん》に完成《かんせい》。完成時《かんせいじ》には、フランス・パリのエッフェル塔《とう》を抜《ぬ》いて、世界一高《せかいいちたか》い塔《とう》になった

もの知《し》りコラム

やっと「国際連合《こくさいれんごう》」に入《はい》れた！

「国際連合《こくさいれんごう》」（国連《こくれん》）は、第《だい》2次《じ》世界大戦《せかいたいせん》が終《お》わった1945年《ねん》、世界平和《せかいへいわ》を実現《じつげん》するためにつくられた国際機《こくさいき》関《かん》です。独立《どくりつ》を回復《かいふく》してすぐの1952（昭和《しょうわ》27）年《ねん》に、日本《にほん》は国連《こくれん》への加盟《かめい》を申《もう》し出《で》ました。しかし、平和条約《へいわじょうやく》を結《むす》べていないソ連《れん》の反対《はんたい》で入《はい》れませんでした。

1956（昭和《しょうわ》31）年《ねん》、日本《にほん》はソ連《れん》と「日《にっ》ソ共同宣言《きょうどうせんげん》」を出《だ》し、国交《こっこう》（国《くに》どうしのつきあい）を回復《かいふく》しました。ソ連《れん》の支持《しじ》も得《え》て、この年《とし》、日本《にほん》はようやく国連《こくれん》に入《はい》ることができたのです。

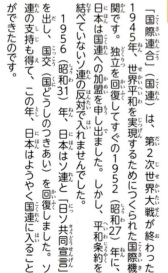

② 世界《せかい》2位《い》の経済大国《けいざいたいこく》へ

1950年代後半《ねんだいこうはん》から、日本《にほん》の経済《けいざい》はめざましい発展《はってん》をとげました。日本《にほん》のおもな産業《さんぎょう》が、農業《のうぎょう》から工業《こうぎょう》へと変《か》わり始《はじ》め、地方《ちほう》の農村《のうそん》の子《こ》どもたちが、集団《しゅうだん》で都会《とかい》の会社《かいしゃ》に就職《しゅうしょく》する「集団就職《しゅうだんしゅうしょく》」がさかんになりました。中学《ちゅうがく》を卒業《そつぎょう》してすぐに就職《しゅうしょく》する子《こ》どもたちは、貴重《きちょう》な人材《じんざい》という意味《いみ》で「金《きん》の卵《たまご》」と呼《よ》ばれました。

1960（昭和《しょうわ》35）年《ねん》に、池田勇人首相《いけだはやとしゅしょう》が「所得倍増計画《しょとくばいぞうけいかく》」を発表《はっぴょう》し、経済《けいざい》はますます発展《はってん》。1968（昭和《しょうわ》43）年《ねん》には、アメリカに次《つ》ぐ世界《せかい》2位《い》の経済大国《けいざいたいこく》となりました。

このように経済《けいざい》が急成長《きゅうせいちょう》した時期《じき》を、「高度経済成長期《こうどけいざいせいちょうき》」といいます。

昭和時代《しょうわじだい》のキーパーソン 8

「所得倍増《しょとくばいぞう》」をとなえた首相《しゅしょう》

池田勇人《いけだはやと》

★生没年《せいぼつねん》 1899～1965年《ねん》
1960（昭和《しょうわ》35）年《ねん》に首相《しゅしょう》に就任《しゅうにん》。「所得倍増《しょとくばいぞう》」をとなえて、7年《ねん》で達成《たっせい》。「わたしはうそは申《もう》しません」などの言葉《ことば》が有名《ゆうめい》。

もの知りコラム

庶民《しょみん》のあこがれ「三種《さんしゅ》の神器《じんぎ》*」

「高度経済成長期《こうどけいざいせいちょうき》」に、電気冷蔵庫《でんきれいぞうこ》・電気洗濯機《でんきせんたくき》・白黒《しろくろ》テレビが急速《きゅうそく》に普及《ふきゅう》しました。これらは、豊《ゆた》かな暮《く》らしの象徴《しょうちょう》として、庶民《しょみん》のあこがれになりました。

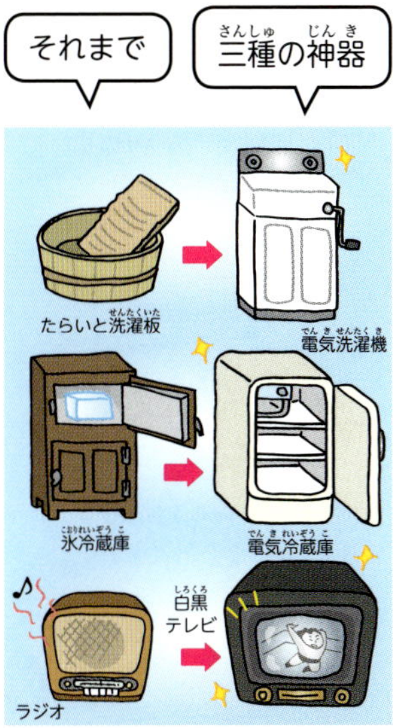

＊「三種《さんしゅ》の神器《じんぎ》」＝もともとは天皇家《てんのうけ》に伝《つた》わる３つの宝物《たからもの》（八咫鏡《やたのかがみ》・草薙剣《くさなぎのつるぎ》・八坂瓊曲玉《やさかにのまがたま》）のこと

写真：すべて朝日新聞社

9章《しょう》

東京《とうきょう》オリンピックの開会式《かいかいしき》だ！

このォ よくも オレの弟《おとうと》を!!
ギャッ
ドン
どしんっ
いてっ
ごめんなさい── やっぱり この縁談《えんだん》 なかったことにして ください
なっ なにを 言《い》い出《だ》すんだ ミヤコさん
お母《かあ》さんの面倒《めんどう》だって 見《み》てあげようってのに
僕《ぼく》をコケにしたら どうなるか──

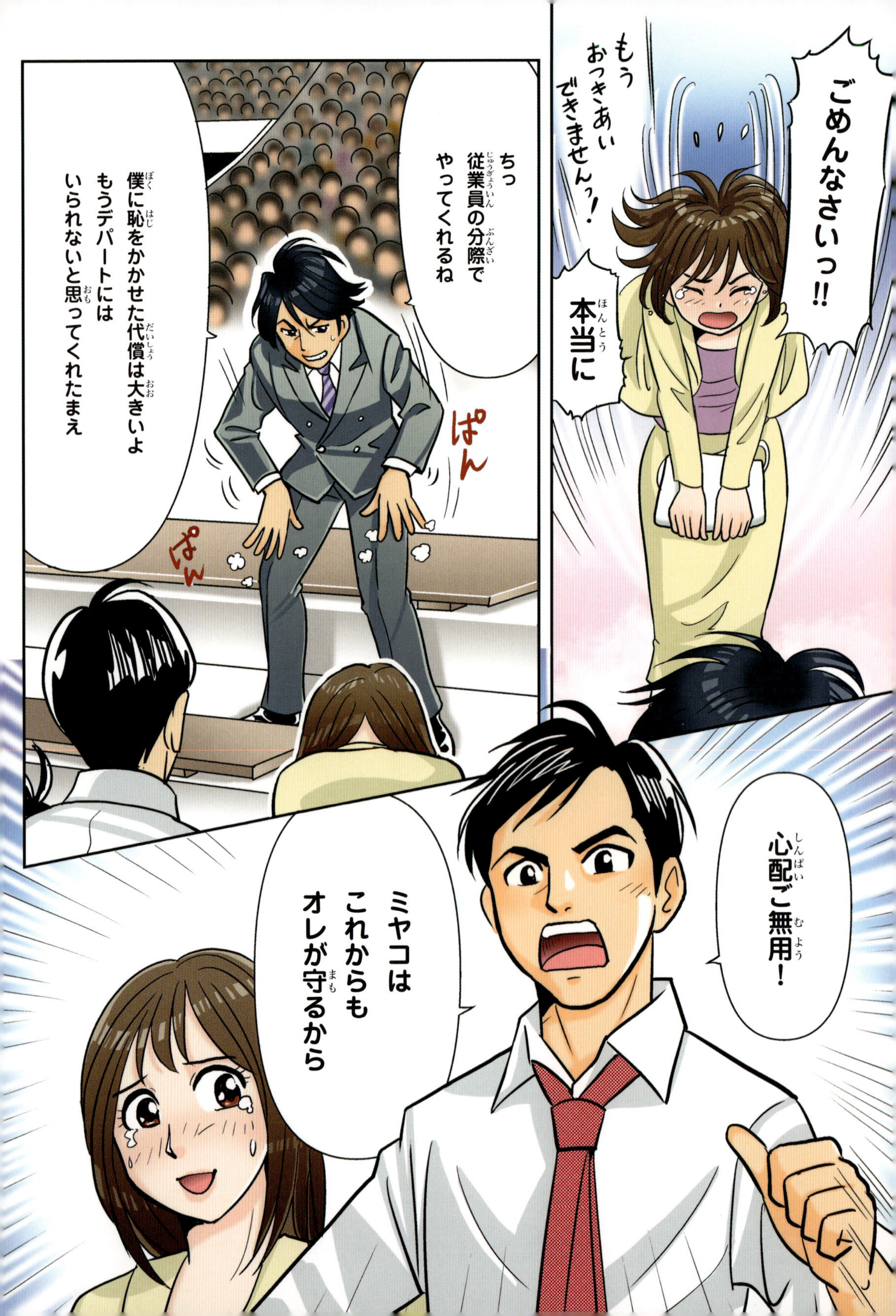
ごめんなさいっ!!
もう おつきあい できませんっ!
本当《ほんとう》に
ちっ 従業員《じゅうぎょういん》の分際《ぶんざい》で やってくれるね
ぱん
ぱん
僕《ぼく》に恥《はじ》をかかせた代償《だいしょう》は大《おお》きいよ もうデパートには いられないと思《おも》ってくれたまえ
心配《しんぱい》ご無用《むよう》!
ミヤコは これからも オレが守《まも》るから

ちっ
勝手《かって》にしなっ！
だいじょうぶっ！立派《りっぱ》な孫《まご》にもめぐまれるからね
？
あっ
体《からだ》が元《もと》に戻《もど》った!!
ボクたち消《き》えなくてすむよ!!

ぱち ぱち ぱち
いやー よかったよかった ホントによかった
めでたい めでたい
じゃ さっそく時《とき》を飛《と》ぼうか ちゃんと発売日《はつばいび》に戻《もど》って買《か》うぞ
え!? 発売日《はつばいび》!? ちょっ
兄《にい》ちゃん!! 時計《とけい》を奪《うば》うんだ!
がっ
わかった!
あっ

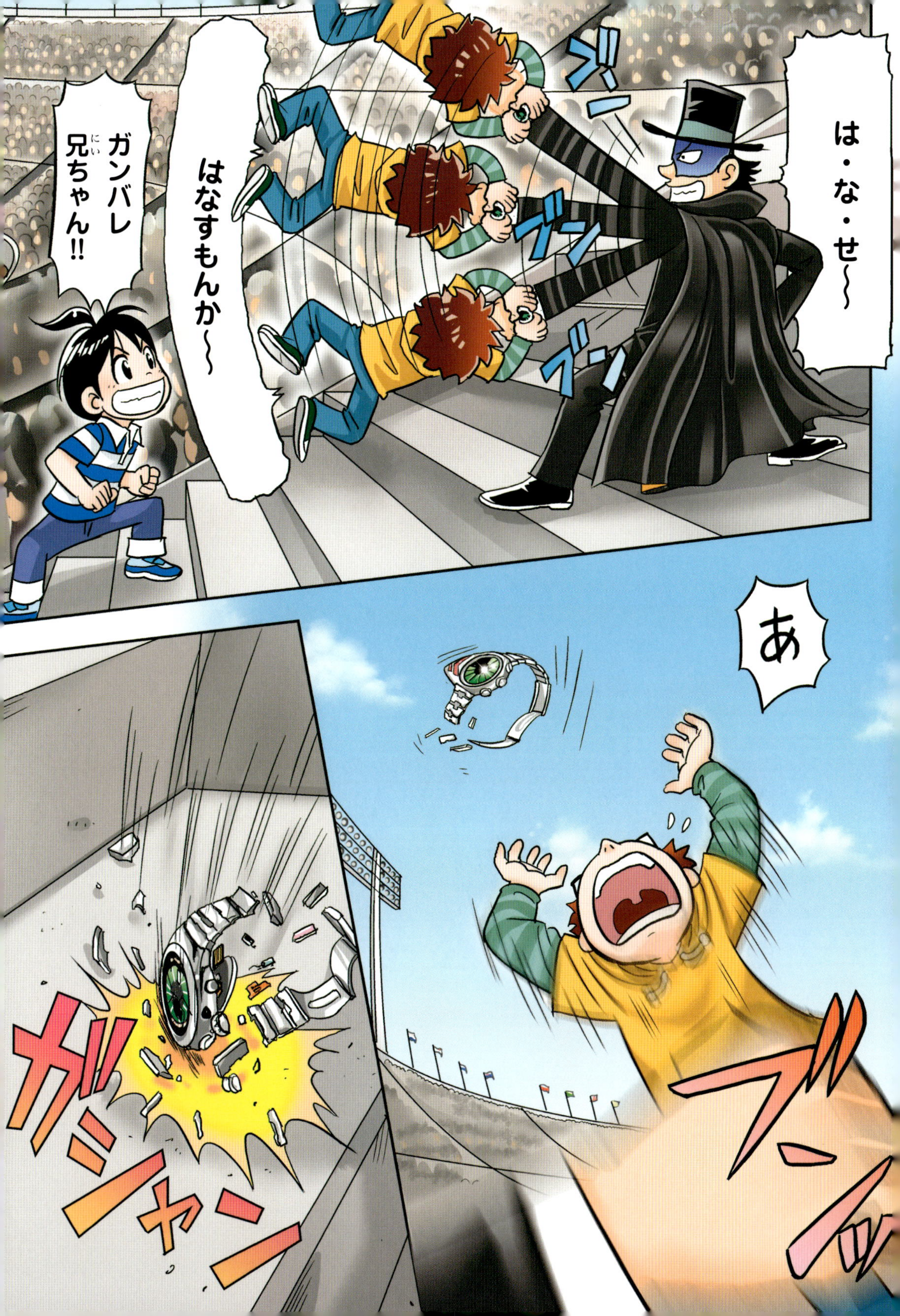

は・な・せ〜
ブン
ブン
ブン
はなすもんか〜
ガンバレ
兄《にい》ちゃん!!
あ
ブン
ガシャン

どうだ!!
これでもう
タイムワープできまい!
というより もう
身動《みうご》きとれないよ
これじゃ……
ぎゅううう

よーし
そこまでだ!!
怪人《かいじん》二十世紀《にじっせいき》!!
やっと
追《お》いついた
神妙《しんみょう》に
お縄《なわ》につけ!!
またもや
決《き》めポーズ
ダッ

はいはい
わかったわかった
観念《かんねん》したよ
だから早《はや》く
こいつらを
はなしてくれよ
ずしっ
そういえば
兄《にい》ちゃん どんな
契約《けいやく》しちゃったの？
えーーと…その
なんだっけ？
何《なに》かを買《か》うとか
買《か》わないとか
はーー!?
おまえ〜〜ホントに
忘《わす》れちゃったのか？
うん…うんちをもらす
前《まえ》に戻《もど》りたい気持《きも》ちで
いっぱいで……
ナハハ
ガクッ
なんだよ〜

雑誌《ざっし》「少年《しょうねん》」を手《て》に入《い》れるって約束《やくそく》したじゃないか！
何《なに》それ？
昭和《しょうわ》の子《こ》どもたちに大人気《だいにんき》の雑誌《ざっし》だよ！江戸川乱歩《えどがわらんぽ》先生《せんせい》の「少年探偵団《しょうねんたんていだん》シリーズ」も載《の》ってたんだ！
名探偵《めいたんてい》・明智小五郎《あけちこごろう》と謎《なぞ》の怪盗《かいとう》・怪人二十面相《かいじんにじゅうめんそう》の息《いき》づまる戦《たたか》いに昭和《しょうわ》の子《こ》どもたちは心《こころ》を踊《おど》らせたんだ

そんなの自分《じぶん》で買《か》えばいいだろ?
オレみたいな大人《おとな》が少年雑誌《しょうねんざっし》買《か》うなんて恥《は》ずかしいじゃないか!!
怪人《かいじん》二《に》十面相様《じゅうめんそうさま》なら子《こ》どもにも化《ば》けたかもしれんが オレはさすがに子《こ》どもにはなれん
だからそのかっこう…
そうか!
おまえは怪人《かいじん》二《に》十面相《じゅうめんそう》のファンなんだなっ!
それってもしかして……
ゴソ
これ?ミヤコちゃんの家《いえ》に行《い》った時《とき》ジョーが貸《か》してくれたやつ
あー覚《おぼ》えてる覚《おぼ》えてる
少年

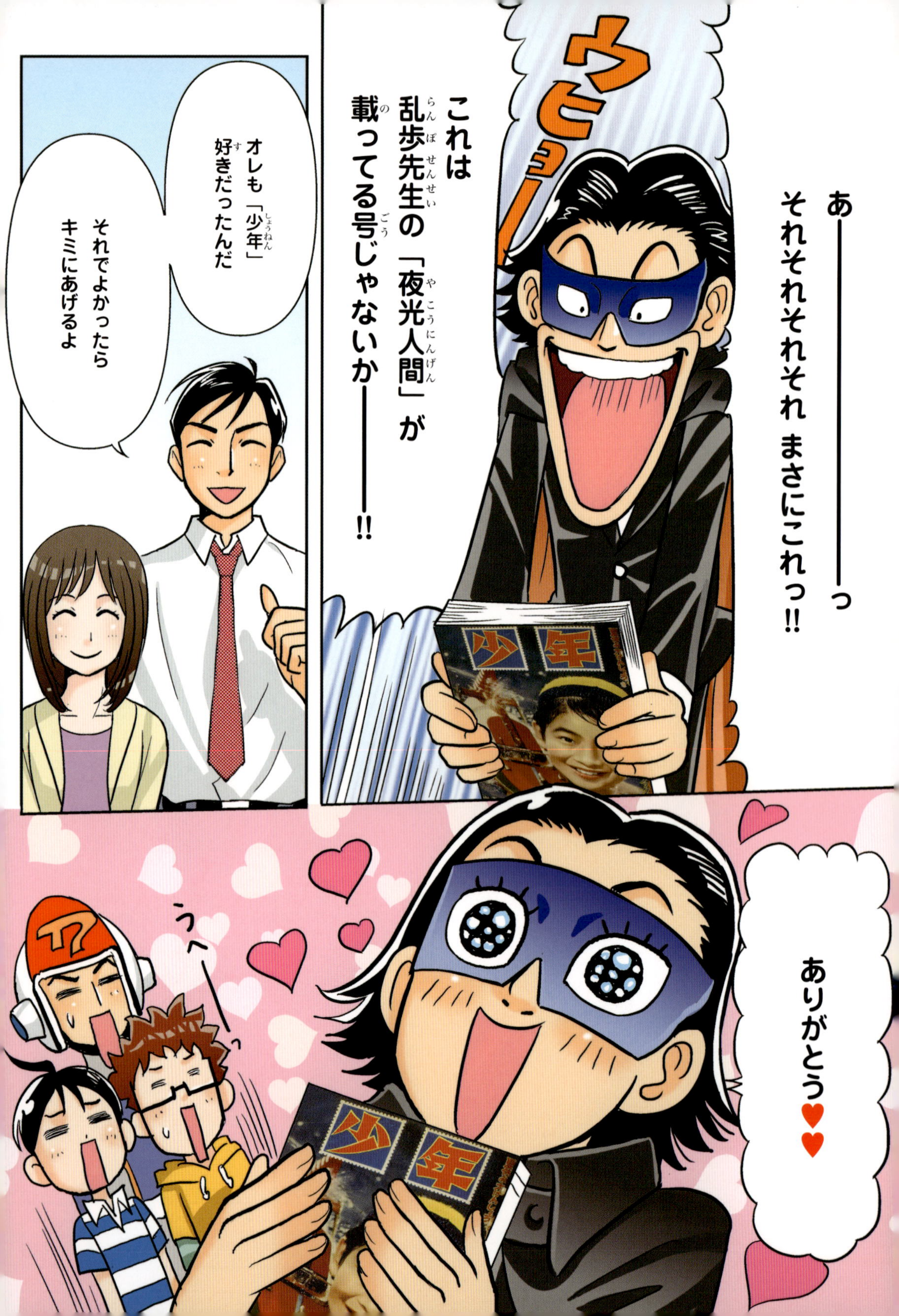
ウヒョ〜
あ——— それそれそれそれ まさにこれっ———っ!!
これは 乱歩《らんぽ》先生《せんせい》の「夜光人間《やこうにんげん》」が 載《の》ってる号《ごう》じゃないか———!!
オレも「少年《しょうねん》」好《す》きだったんだ
それでよかったら キミにあげるよ
ありがとう♥♥
うへ——っ
少年

ワァァァ
なっ
なんだ!?

聖火台《せいかだい》に——
点火《てんか》された

東京《とうきょう》オリンピックの
ゴオオオオオオ

開幕《かいまく》だ!!

東京《とうきょう》オリンピック、開催《かいさい》!

① 平和《へいわ》の祭典《さいてん》

1964(昭和《しょうわ》39)年《ねん》10月《がつ》、東京《とうきょう》オリンピックが開《ひら》かれました。これは、アジアで初《はじ》めてのオリンピックです。開会式《かいかいしき》では、原爆投下《げんばくとうか》の日《ひ》に広島《ひろしま》で生《う》まれた青年《せいねん》が、聖火《せいか》リレーの最終《さいしゅう》ランナーとして聖火台《せいかだい》に点《てん》火《か》。そして、平和《へいわ》の象徴《しょうちょう》の鳩《はと》が大空《おおぞら》に飛《と》ばされました。

戦争《せんそう》の焼《や》けあとから立《た》ち上《あ》がり、国際的《こくさいてき》な大会《たいかい》が開《ひら》けるまでに復興《ふっこう》したことに、日本《にほん》の人々《ひとびと》は胸《むね》を熱《あつ》くしました。

開会式《かいかいしき》がおこなわれた日《ひ》にちなみ、*10月《がつ》の第《だい》2月《げつ》曜日《ようび》は「スポーツの日《ひ》」として祝日《しゅくじつ》になっています。

聖火《せいか》がともされた
オリンピック発祥《はっしょう》の地《ち》・ギリシャから日本《にほん》に運《はこ》ばれた聖火《せいか》は、日本国内《にほんこくない》をたくさんの人《ひと》がリレーして会場《かいじょう》まで運《はこ》んだ

*かつては開会式《かいかいしき》がおこなわれた10月《がつ》10日《とおか》だったが、2000(平成《へいせい》12)年《ねん》から第《だい》2月曜日《げつようび》に変更《へんこう》された

開会式《かいかいしき》
秋晴《あきば》れのもとおこなわれた開会式《かいかいしき》で、入場《にゅうじょう》する日本選手団《にほんせんしゅだん》(手前《てまえ》)

まぼろしの東京《とうきょう》オリンピック

もの知《し》りコラム

じつは、1940（昭和《しょうわ》15）年《ねん》にも、東京《とうきょう》でオリンピックがおこなわれる予定《よてい》でした。しかし、戦争《せんそう》を理由《りゆう》に日本《にほん》はオリンピック開催《かいさい》を返上《へんじょう》しました。東京《とうきょう》にかわって、フィンランドのヘルシンキでおこなわれることになりましたが、第《だい》2次世界大戦《じせかいたいせん》が始《はじ》まったため、けっきょく、中止《ちゅうし》になりました。

「東洋《とうよう》の魔女《まじょ》」が金《きん》メダル

あまりの強《つよ》さに「東洋《とうよう》の魔女《まじょ》」と呼《よ》ばれた、バレーボール女子《じょし》の日《に》本代表《ほんだいひょう》（手前《てまえ》）。ボールを拾《ひろ》ってから転《ころ》がる「回転《かいてん》レシーブ」に世界《せかい》が驚《おどろ》いた

マラソンのスター「裸足《はだし》のアベベ」

前回《ぜんかい》のローマオリンピックでは裸足《はだし》で走《はし》り金《きん》メダルを取《と》ったことから、「裸足《はだし》のアベベ」と呼《よ》ばれるようになった。東京《とうきょう》では靴《くつ》をはいて走《はし》り、再《ふたた》び金《きん》メダル。マラソン史上初《しじょうはつ》のオリンピック2連覇《れんぱ》を成《な》し遂《と》げた

体操《たいそう》ニッポン！

体操男子団体《たいそうだんしだんたい》は、東京《とうきょう》オリンピックの金《きん》メダルを含《ふく》め、オリンピック5連覇《れんぱ》（1960〈昭和《しょうわ》35〉～1976〈昭和《しょうわ》51〉年《ねん》）を成《な》し遂《と》げている

新幹線《しんかんせん》と高速道路《こうそくどうろ》

もの知《し》りコラム

東京《とうきょう》オリンピックにそなえ、日本国内《にほんこくない》の交通網《こうつうもう》が整備《せいび》されました。

オリンピックの前年《ぜんねん》には、日本初《にほんはつ》の高速道路《こうそくどうろ》・名神高速《めいしんこうそく》道路《どうろ》が一部開通《いちぶかいつう》。そして、オリンピック開幕《かいまく》の9日前《ここのかまえ》には、日本《にほん》の技術《ぎじゅつ》を結集《けっしゅう》してつくった夢《ゆめ》の超特急《ちょうとっきゅう》・新幹線《しんかんせん》が開業《かいぎょう》しました。これにより、6時間半《じかんはん》かかっていた東京《とうきょう》～新大阪間《しんおおさかかん》は、4時《じ》間《かん》に短縮《たんしゅく》されました（開業《かいぎょう》1年後《ねんご》には、3時間《じかん》10分《ぷん》に短縮《たんしゅく》）。

新幹線《しんかんせん》の開業《かいぎょう》

盛大《せいだい》な見送《みおく》りを受《う》けて東京駅《とうきょうえき》を出発《しゅっぱつ》する、開業《かいぎょう》の日《ひ》の新幹線一番列車《しんかんせんいちばんれっしゃ》

写真：すべて朝日新聞社

10章《しょう》 ただいま！ 21世紀《せいき》

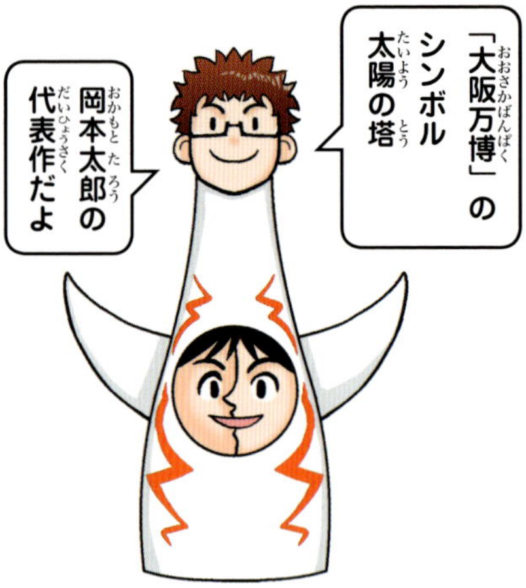

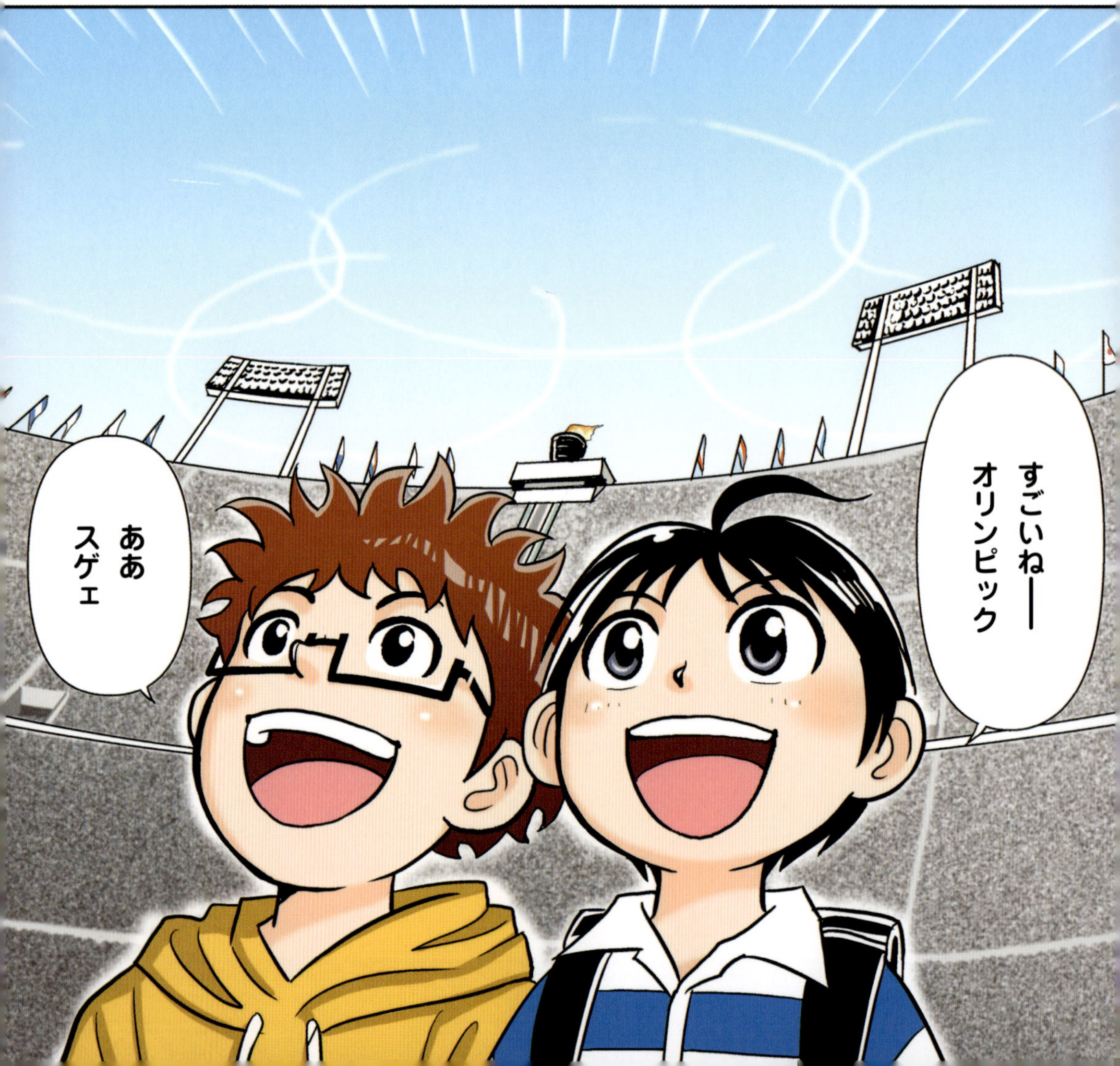

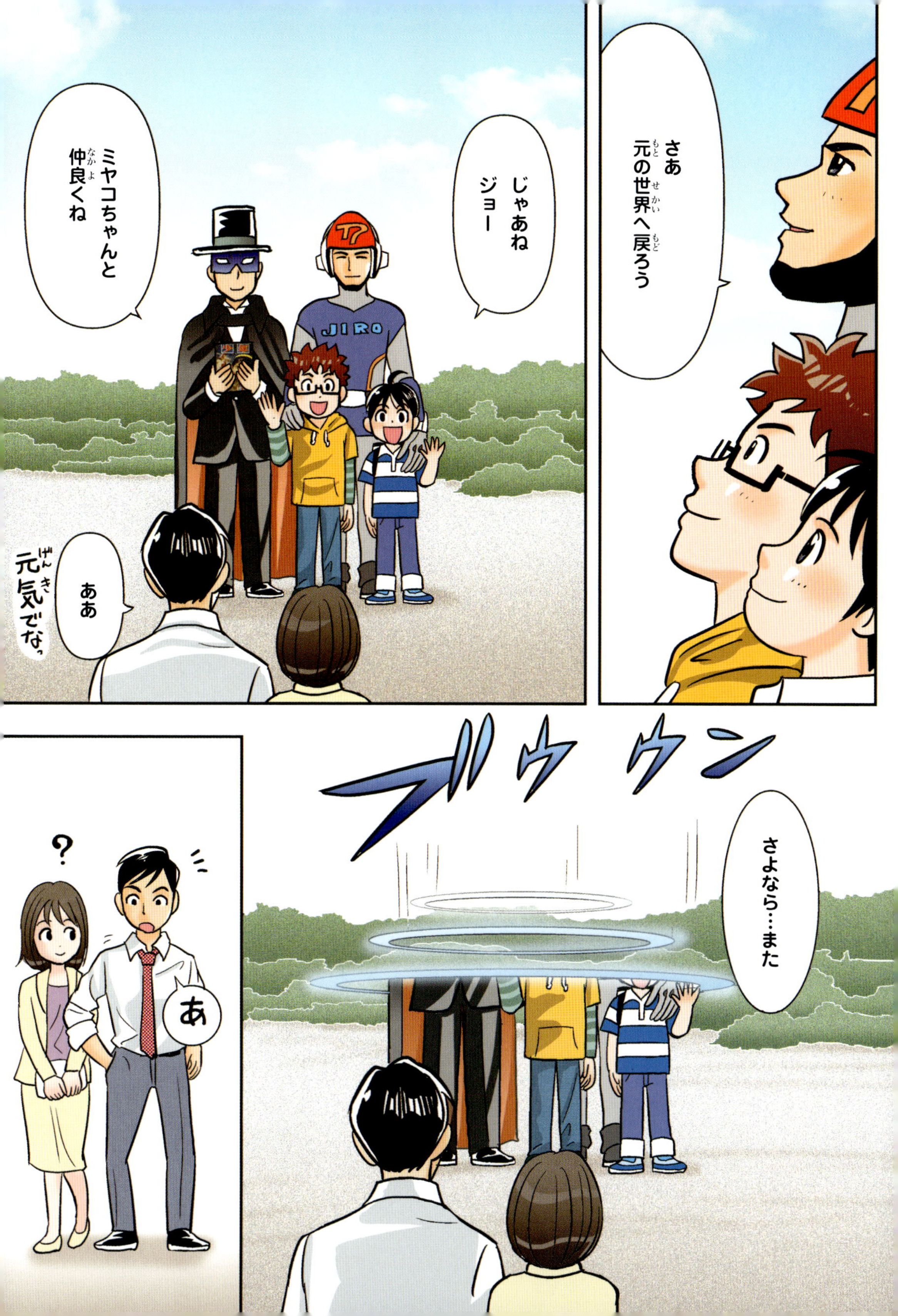
さあ
元《もと》の世界《せかい》へ戻《もど》ろう
じゃあね
ジョー
ミヤコちゃんと
仲良《なかよ》くね
ああ
元気《げんき》でなっ
ブゥ ウン
さよなら…また
?
あ

1970年《ねん》
世界的《せかいてき》な博覧会《はくらんかい》「日本万国博覧会《にほんばんこくはくらんかい》」が大阪《おおさか》で開催《かいさい》。テーマは「人類《じんるい》の進歩《しんぽ》と調和《ちょうわ》」
1960～1970年代《ねんだい》
経済《けいざい》が成長《せいちょう》する一方《いっぽう》で、大気汚染《たいきおせん》などの公害《こうがい》も深刻《しんこく》に

2012年《ねん》
東京《とうきょう》スカイツリー開業《かいぎょう》
1991年頃《ねんごろ》
土地《とち》や株《かぶ》が値上《ねあ》がりした「バブル経済《けいざい》」が崩壊《ほうかい》し、日本《にほん》は不景気《ふけいき》な時代《じだい》に突入《とつにゅう》
2011年《ねん》
東日本大震災《ひがしにほんだいしんさい》
1980年《ねん》
日本《にほん》が自動車年間生産《じどうしゃねんかんせいさん》、世界一《せかいいち》に
ヒュルル
平成
1995年《ねん》
阪神《はんしん》・淡路大震災《あわじだいしんさい》
1989年《ねん》
昭和天皇崩御《しょうわてんのうほうぎょ》。「昭和《しょうわ》」が終《お》わり、「平成《へいせい》」に
写真：すべて朝日新聞社

ねぇ 未来《みらい》の日本《にほん》はどうなるの？
気《き》になるかい？じゃあ ちょっとだけ未来《みらい》を見《み》せてあげよう
見《み》られるの!?
パァァ
わっ
わっ
わわわ

でも この未来《みらい》は 可能性《かのうせい》の1つに
過《す》ぎないんだ——
未来《みらい》をどうやってつくっていくかは
キミたちにかかって
いるんだから——
…ルト
タクミ
ハルトー タクミー
早《はや》く起《お》きなさーい

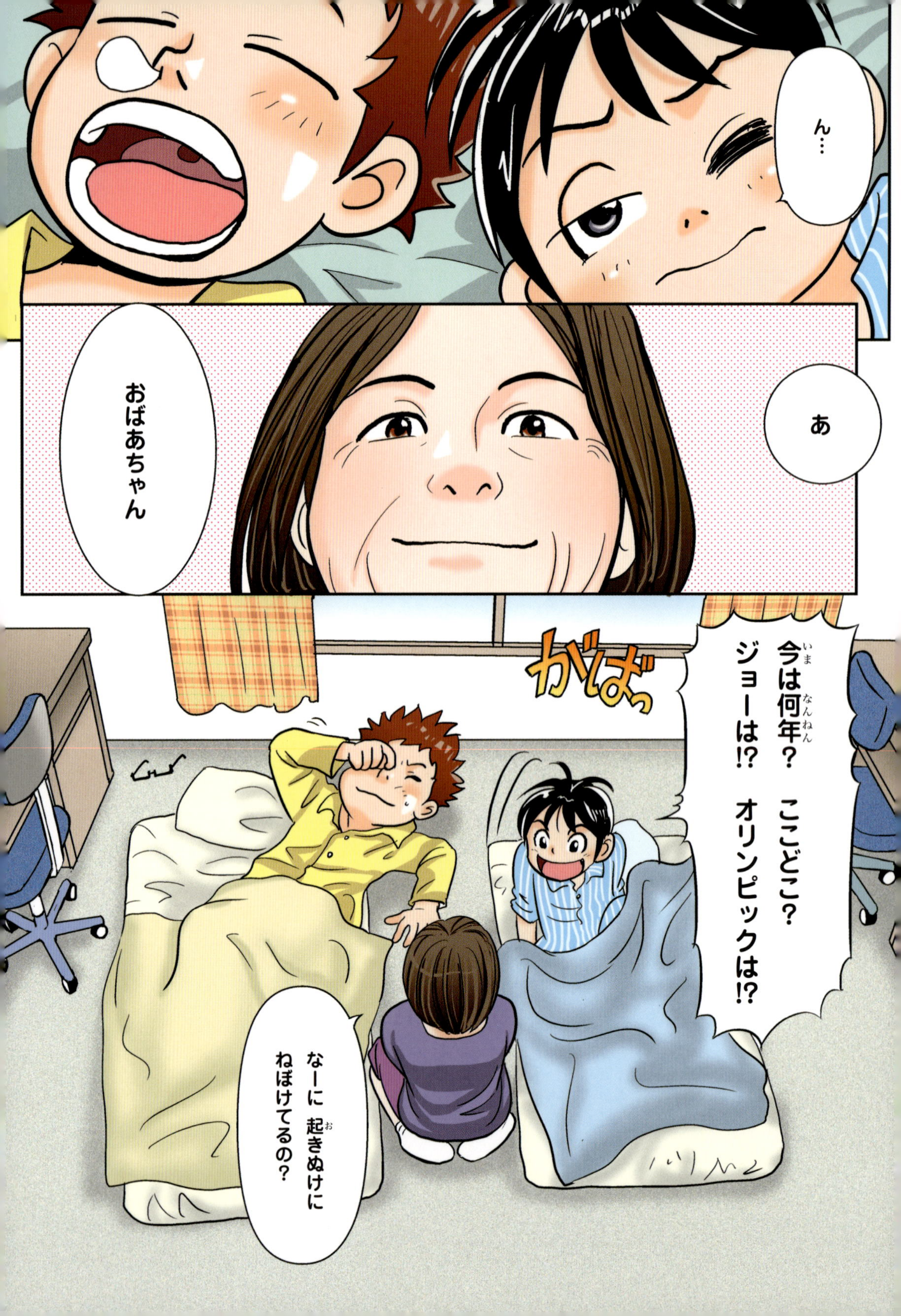
ん…
あ
おばあちゃん
がばっ
今《いま》は何年《なんねん》？　ここどこ？
ジョーは!?　オリンピックは!?
なーに　起《お》きぬけに
ねぼけてるの？

——では1964年《ねん》の東京《とうきょう》オリンピック当時《とうじ》のことを——
ああ テレビの音《おと》が聞《き》こえてねぼけたのね もうごはんですよ
はーい
東京《とうきょう》オリンピッ
スペシ
わたしは父《ちち》と一緒《いっしょ》に開会式《かいかいしき》を見《み》にいったんですが…… たしかに見《み》たんですよ
首《くび》だけの子《こ》どもと体《からだ》が透《す》けてる子《こ》どもが通《とお》るのを!! いやホント!
ハハハ
ワハハハ
ちーん
東京《とうきょう》オリンピックはすごかったわねー
次《つぎ》のオリンピックも見《み》られるように元気《げんき》でいなくちゃね

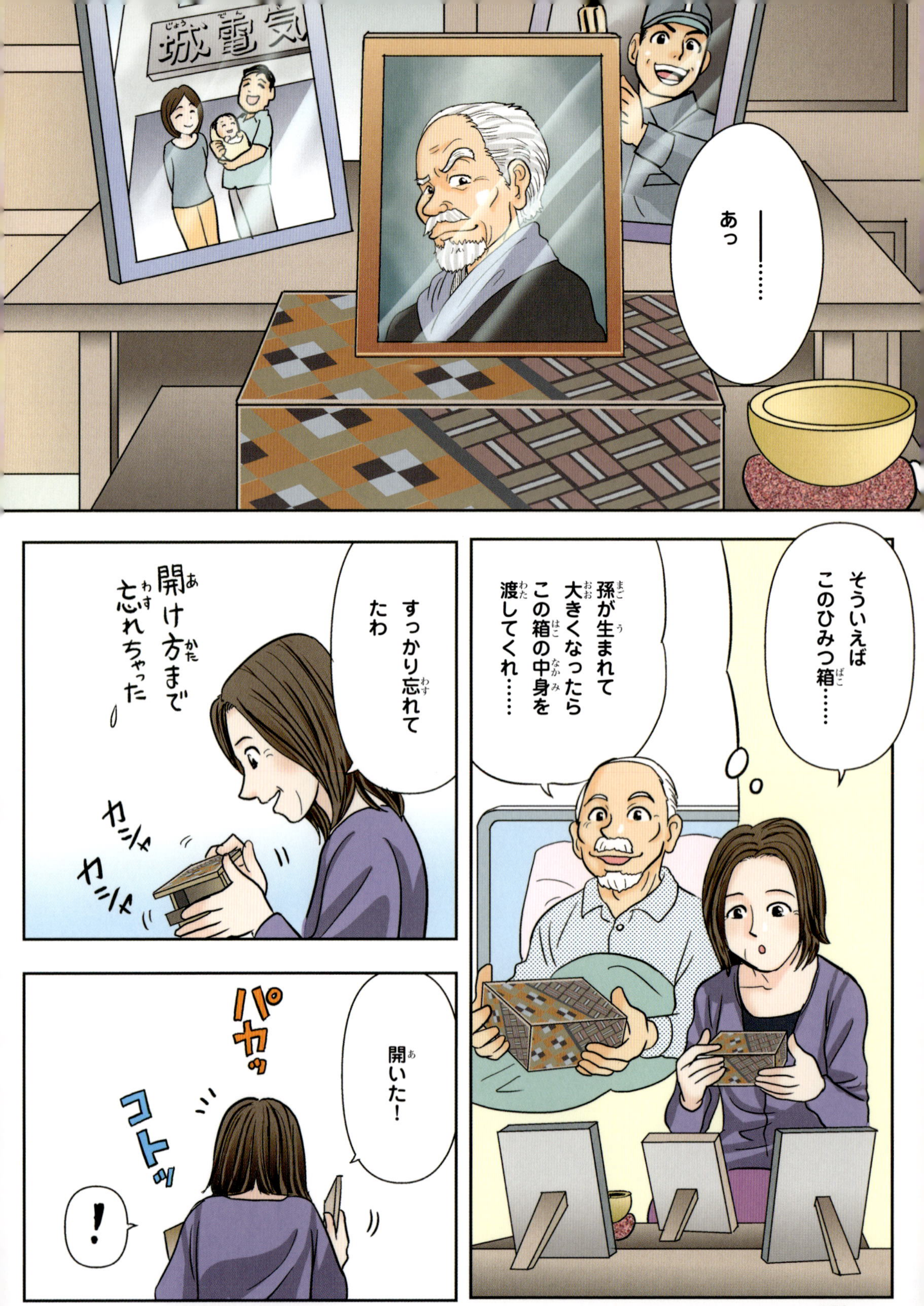
城《じょう》電《でん》気
あっ――……
そういえば このひみつ箱《ばこ》……
孫《まご》が生《う》まれて 大《おお》きくなったら この箱《はこ》の中身《なかみ》を 渡《わた》してくれ……
すっかり忘《わす》れて たわ
開《あ》け方《かた》まで 忘《わす》れちゃった
カシャ
カシャ
開《あ》いた！
パカッ
コトッ
！

あーー
もう ムカつく〜〜!! なんだよジローのやつ!
モシャ モシャ
なーんでキッチリ うんちの次《つぎ》の日《ひ》に 戻《もど》すんだよーー!!
まぁ まぁ
無事《ぶじ》に帰《かえ》れたんだ から いいじゃない
なにも かわってないじゃ ないかーー!!
ガツガツ
まーなー うちのごはんには 変《へん》なゴミは入《はい》って ないもんなー
うん うん
しあわせ♡
ヤミ市《いち》のナベは ヒドかったもんねー
ハルト! タクミ!
ちょっと いい
死《し》んだおじいさんから あんたたちに渡《わた》してくれ って言《い》われてたもの 忘《わす》れちゃってたのよ
?
え!? ジョーから?

あっ!! これは――
オレがわかる部分《ぶぶん》だけ修理《しゅうり》しておいた。交換部品《こうかんぶひん》はそのうちつくられるだろう。あとは未来《みらい》の君《きみ》たちに託《たく》した!
また会《あ》おう!
ジョー
へへっ
怪人二十世紀《かいじんにじっせいき》の時計《とけい》 ジョーが拾《ひろ》ってたのか
ボクたちが生《い》きてるうちに 交換部品《こうかんぶひん》ができるかな～?
ジョーはスゲーよなー ゼロから始《はじ》めて ちゃんと会社《かいしゃ》つくっちゃったんだから
うん
戦後《せんご》って ホントに何《なに》もなかったもんね

「戦後《せんご》へタイムワープ」終《お》わり。

大阪《おおさか》万博《ばんぱく》から昭和《しょうわ》の終《お》わりへ

① 万博《ばんぱく》で見《み》た「未来《みらい》の世界《せかい》」

東京《とうきょう》オリンピックに続《つづ》き、1970（昭和《しょうわ》45）年《ねん》には、世界的《せかいてき》な博覧会《はくらんかい》・日本万国博覧会《にほんばんこくはくらんかい》（万博《ばんぱく》）が大阪《おおさか》で開催《かいさい》されました（大阪万博《おおさかばんぱく》）。「人類《じんるい》の進歩《しんぽ》と調和《ちょうわ》」をテーマに、世界《せかい》の国々《くにぐに》や企業《きぎょう》がパビリオンを出展《しゅってん》。動《うご》く歩道《ほどう》や、電気自動車《でんきじどうしゃ》、テレビ電話《でんわ》なども紹介《しょうかい》され、人々《ひとびと》は新《あたら》しい技術《ぎじゅつ》に驚《おどろ》き、未来《みらい》の世界《せかい》を夢見《ゆめみ》ました。

また、アメリカのアポロ宇宙船《うちゅうせん》が月《つき》から持《も》ち帰《かえ》った「月《つき》の石《いし》」が展示《てんじ》され、大人気《だいにんき》になりました。

太陽《たいよう》の塔《とう》（中央《ちゅうおう》）が立《た》つ万博会場《ばんぱくかいじょう》

もの知《し》りコラム

パンダがやってきた！

日中戦争《にっちゅうせんそう》の影響《えいきょう》で、戦後長《せんごなが》いあいだ、日本《にほん》は中国《ちゅうごく》と国交《こっこう》がありませんでした。1972（昭和《しょうわ》47）年《ねん》、「友好関係《ゆうこうかんけい》を確立《かくりつ》する」という「日中共同声明《にっちゅうきょうどうせいめい》」が出《だ》され、6年後《ねんご》に「日中平和友好条約《にっちゅうへいわゆうこうじょうやく》」が結《むす》ばれて、国交《こっこう》が回復《かいふく》します。

国交正常化《こっこうせいじょうか》を記念《きねん》して、中国《ちゅうごく》から、オスのカンカンとメスのランランの、2頭《とう》のパンダが贈《おく》られました。2頭《とう》は上野動物園《うえのどうぶつえん》で飼育《しいく》され、パンダを見《み》るために、連日《れんじつ》、おおぜいの人《ひと》がつめかけました。

メスのランラン（1972〈昭和《しょうわ》47〉年《ねん》）

② 公害問題《こうがいもんだい》が起《お》こった

経済《けいざい》が発展《はってん》して生活《せいかつ》が豊《ゆた》かになる一方《いっぽう》で、工場《こうじょう》から出《で》る排気《はいき》やごみなどが原因《げんいん》で起《お》こる病気《びょうき》が、大《おお》きな社《しゃ》会問題《かいもんだい》になりました。

熊本県《くまもとけん》や新潟県《にいがたけん》では「水俣病《みなまたびょう》」が発生《はっせい》しました。これは、工場《こうじょう》から流《なが》された有毒物質《ゆうどくぶっしつ》で魚介類《ぎょかいるい》が汚染《おせん》され、その魚介類《ぎょかいるい》を食《た》べた住民《じゅうみん》がかかった病気《びょうき》です。また、工場地帯《こうじょうちたい》の三重県四日市市《みえけんよっかいちし》では、大気汚染《たいきおせん》により住民《じゅうみん》にぜんそくが多発《たはつ》し、「四日市《よっかいち》ぜんそく」と呼《よ》ばれました。

もの知りコラム

トイレットペーパーがなくなる？

1970年代《ねんだい》に2度《ど》、石油《せきゆ》の値上《ねあ》がりで、ほかの物《もの》の値段《ねだん》も上《あ》がり、日本《にほん》の経済《けいざい》は落《お》ち込《こ》みました。これを石油危機《せきゆきき》（オイルショック）といいます。

当時《とうじ》、「紙《かみ》がなくなる」というデマが流《なが》れて、トイレットペーパーの買《か》い占《し》めが起《お》こり、大騒動《おおそうどう》になりました。

③ 激動《げきどう》の昭和《しょうわ》が終《お》わった

1989（昭和《しょうわ》64）年《ねん》1月7日《がつなのか》、昭和天皇《しょうわてんのう》が亡《な》くなり、新《あたら》しい天皇《てんのう》（現在《げんざい》の天皇陛下《てんのうへいか》）が即位《そくい》しました。これにともない、元号《げんごう》も「昭和《しょうわ》」から「平成《へいせい》」に変《か》わりました。

「平成《へいせい》」という元号《げんごう》は、「平和《へいわ》が達成《たっせい》される」という願《ねが》いをこめて、決《き》められました。

天皇陛下　崩御
新元号「平成」
激動の昭和終わる
明仁親王ご即位
87歳 歴代最長の在位
「平成」あすから
朝日新聞

昭和天皇《しょうわてんのう》が亡《な》くなったことを報《ほう》じる新聞《しんぶん》
元号《げんごう》が「平成《へいせい》」に変《か》わり、新《あたら》しい天皇《てんのう》（現在《げんざい》の天皇陛下《てんのうへいか》）が即位《そくい》することが書《か》かれている

新元号《しんげんごう》を発表《はっぴょう》
新《あたら》しい元号《げんごう》は政府《せいふ》によって決《き》められた

写真：すべて朝日新聞社

教《おし》えて!! 河合先生《かわいせんせい》

戦後《せんご》おまけ話《ばなし》

ぼくといっしょに、タイムワープの冒険《ぼうけん》を振《ふ》り返《かえ》ろう。マンガの裏話《うらばなし》や、時代《じだい》にまつわるおもしろ話《ばなし》も紹介《しょうかい》するよ!

歴史研究家《れきしけんきゅうか》:河合《かわい》 敦《あつし》先生《せんせい》

1 戦後《せんご》 ヒトコマ 博物館《はくぶつかん》

集団就職《しゅうだんしゅうしょく》と「金《きん》の卵《たまご》」

▲春《はる》になると、中学《ちゅうがく》や高校《こうこう》を卒業《そつぎょう》したばかりの若者《わかもの》たちが夜行列車《やこうれっしゃ》に乗《の》って東京《とうきょう》の上《うえ》野駅《のえき》に降《お》り立《た》った

◀「金《きん》の卵《たまご》」たちの多《おお》くは就職《しゅうしょく》した工場《こうじょう》などで技術《ぎじゅつ》をみがき、高度経済成長《こうどけいざいせいちょう》を支《ささ》える存在《そんざい》となった

写真:すべて朝日新聞社

働《はたら》き手《て》が足《た》りない！ 高度経済成長期《こうどけいざいせいちょうき》

河合先生《かわいせんせい》：ハルト、タクミお帰《かえ》り！ 無事《ぶじ》、ジョーがふたりのおじいちゃんになれてよかったね。

タクミ：でも、戦後《せんご》ってホントに大変《たいへん》だったんだね。ヤミ市《いち》があったなんて……。

河合先生《かわいせんせい》：そう、生《い》きるだけで精一杯《せいいっぱい》の時代《じだい》があったんだよね。ところが終戦《しゅうせん》からわずか10年《ねん》ほどで高度経済成長期《こうどけいざいせいちょうき》（→140ページ）になり、日本《にほん》は空前《くうぜん》の好景気《こうけいき》を迎《むか》えるんだ。みんながむしゃらに働《はたら》いて、日本《にほん》の経済《けいざい》はどんどんよくなったよ。

ハルト：ジョーも、まだ若《わか》いのに電気会社《でんきがいしゃ》の社長《しゃちょう》になってた。すごいなー。

河合先生《かわいせんせい》：高度経済成長期《こうどけいざいせいちょうき》に深刻《しんこく》になったのが、「働《はたら》き手《て》が足《た》りない！」ということ。そこで始《はじ》まったのが「集団就職《しゅうだんしゅうしょく》」なんだ。右《みぎ》の写真《しゃしん》はその様子《ようす》のヒトコマだよ。

▶1957（昭和《しょうわ》32）年《ねん》11月《がつ》、建設中《けんせつちゅう》の東京《とうきょう》タワー。集団就職《しゅうだんしゅうしょく》した「金《きん》の卵《たまご》」たちは、こういった建設現場《けんせつげんば》や工場《こうじょう》などで、貴重《きちょう》な働《はたら》き手《て》として重宝《ちょうほう》された

タクミ：スポーツの大会《たいかい》とかで優勝《ゆうしょう》した若者《わかもの》をみんなが迎《むか》えているみたい……。

河合先生《かわいせんせい》：この若者《わかもの》たちは地方《ちほう》の農村出身《のうそんしゅっしん》で、中学《ちゅうがく》や高校《こうこう》を卒業《そつぎょう》したばかり。地方《ちほう》は高度経済成長期《こうどけいざいせいちょうき》といっても、まだ農業以外《のうぎょういがい》の仕事《しごと》が少《すく》なかったので、若者《わかもの》は仕事《しごと》がある都市部《としぶ》に集団《しゅうだん》で働《はたら》きにきたんだ。都市部《としぶ》の建設会社《けんせつがいしゃ》や工場《こうじょう》なども、若者《わかもの》たちを「金《きん》の卵《たまご》」と呼《よ》んで、来《く》るのを待《ま》ち望《のぞ》んでいたよ。

ハルト：父《とう》さんや母《かあ》さん、ふるさとを離《はな》れてさびしくなかったのかな？

河合先生《かわいせんせい》：もちろんホームシックにかかった人《ひと》もいただろうけど、都会《とかい》で成功《せいこう》しよう！と夢《ゆめ》を抱《いだ》いていた人《ひと》もいたと思《おも》うよ。

タクミ：集団就職《しゅうだんしゅうしょく》はいつまで続《つづ》いたの？

河合先生《かわいせんせい》：いちばん盛《さか》んだったのは、1950年代《ねんだい》から15年《ねん》ほど。今《いま》の60～70代《だい》の人《ひと》が、「金《きん》の卵《たまご》」世代《せだい》かな。

2

戦後《せんご》ビックリ報告《ほうこく》

戦争《せんそう》はまだ続《つづ》いていた! ジャングルで28年《ねん》隠《かく》れていた日本兵《にほんへい》が発見《はっけん》された

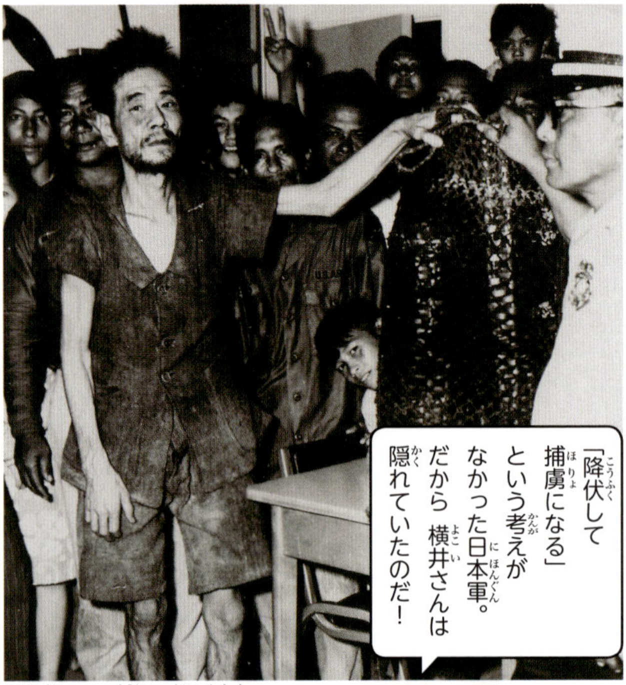

▲発見《はっけん》された当日《とうじつ》の横井庄一《よこいしょういち》さん。手《て》にしているのは魚《さかな》をとる時《とき》に使《つか》う袋《ふくろ》。この姿《すがた》でいるところをとらえられた

ばったり出会《であ》った相手《あいて》はニホンヘイ

1972（昭和《しょうわ》47）年《ねん》1月《がつ》、グアム島《とう》の猟師《りょうし》が、ジャングルであやしい男《おとこ》とばったり出会《であ》いました。手《て》には、魚《さかな》をとるわなを持《も》っています。猟師《りょうし》が持《も》っていた銃《じゅう》を男《おとこ》に向《む》けると、男《おとこ》は飛《と》びかかってきましたが、簡単《かんたん》に押《お》さえつけることができました。

「ニホンヘイカ?」と猟師《りょうし》が聞《き》くと、男《おとこ》はあきらめたように座《すわ》り込《こ》みました。男《おとこ》の名《な》前《まえ》は横井庄一《よこいしょういち》さん。発見《はっけん》された時《とき》56歳《さい》、太平洋戦争《たいへいようせんそう》の元《もと》日本陸軍《にほんりくぐん》の兵隊《へいたい》で、28年《ねん》もジャングルに隠《かく》れていたのです。

写真：すべて朝日新聞社

「恥《は》ずかしながら〜」は流行語《りゅうこうご》に

横井《よこい》さんは1944（昭和《しょうわ》19）年《ねん》3月《がつ》、日本《にほん》が占領《せんりょう》していたグアム島《とう》に兵隊《へいたい》としてやってきました。しかし、7月《がつ》にアメリカ兵《へい》が大軍《たいぐん》で上陸《じょうりく》し、8月《がつ》には2万人《まんにん》いた日《に》本軍《ほんぐん》はほぼ全滅《ぜんめつ》。生《い》き残《のこ》った兵隊《へいたい》約《やく》1500人《にん》は、散《ち》りぢりにジャングルに逃《に》げ込《こ》みました。

横井《よこい》さんと行動《こうどう》を共《とも》にした仲間《なかま》は、当初《とうしょ》数十人《すうじゅうにん》いましたが、戦闘《せんとう》や飢《う》え、病気《びょうき》などで減《へ》っていき、64（昭和《しょうわ》39）年《ねん》にはひとりぼっちになりました。

28年《ねん》ぶりに帰国《きこく》した横井《よこい》さんの最初《さいしょ》のことば「恥《は》ずかしながら生《い》きながらえて帰《かえ》ってまいりました」は流行語《りゅうこうご》になりました。

▲帰国後《きこくご》の横井《よこい》さんは、参議《さんぎ》院議員選挙《いんぎいんせんきょ》に出馬《しゅつば》するほどの有名人《ゆうめいじん》に（結果《けっか》は落選《らくせん》）。その後《ご》は生活評論家《せいかつひょうろんか》や陶芸家《とうげいか》として活躍《かつやく》した。1997（平成《へいせい》9）年《ねん》、82歳《さい》で亡《な》くなった

▶横井《よこい》さんがグアム島《とう》のジャングルで隠《かく》れていた住居《じゅうきょ》。出入《でい》り口《ぐち》は大人《おとな》ひとりがやっと通《とお》れる大《おお》きさで、竹《たけ》の葉《は》をかぶせて見《み》えないようにしていた。食《た》べ物《もの》は、木《き》の実《み》や魚《さかな》、カエル、ネズミなど。いちばん大変《たいへん》だったのは「火《ひ》をおこして保存《ほぞん》すること」だった

ほかにもいた！ 残留日本兵《ざんりゅうにほんへい》

横井《よこい》さんが発見《はっけん》されて2年後《ねんご》の1974（昭和《しょうわ》49）年《ねん》3月《がつ》、フィリピンのルバング島《とう》から小野田寛郎《おのだひろお》さんが30年《ねん》ぶりに帰国《きこく》しました。小野田《おのだ》さんが生《い》きていることは以前《いぜん》からわかっていて、何度《なんど》も捜索隊《そうさくたい》が送《おく》られましたが、小野田《おのだ》さんは敵《てき》のわなと考《かんが》え、ずっと戦争《せんそう》を続《つづ》けていたのです。ようやく元《もと》上官《じょうかん》から「任務《にんむ》を終《お》えてよし」という命令《めいれい》を受《う》け、長《なが》い戦《たたか》いを終《お》えて帰国《きこく》しました。

▶救出《きゅうしゅつ》され、フィリピンの空軍《くうぐん》に出迎《でむか》えられた時《とき》の小野田寛郎《おのだひろお》さん。帰還《きかん》した小《お》野田《のだ》さんは、その後《ご》ブラジルに渡《わた》って牧《ぼく》場経営《じょうけいえい》をするなどした。2014（平成《へいせい》26）年《ねん》、91歳《さい》で亡《な》くなった

戦後《せんご》 ニンゲンファイル

「今太閤《いまたいこう》」「闇将軍《やみしょうぐん》」と呼《よ》ばれた政治家《せいじか》 田中角栄《たなかかくえい》

田中 前首相を逮捕
朝日新聞
特別号外
ロッキード疑獄、一気に核心
桧山から五億円
外為法違反容疑 現金を四回受領

▲1976（昭和《しょうわ》51）年《ねん》7月《がつ》27日《にち》、ロッキード事件《じけん》によって前首相《ぜんしゅしょう》（当時《とうじ》）田中角栄《たなかかくえい》が逮捕《たいほ》された。総理大臣《そうりだいじん》だった政治家《せいじか》の逮捕《たいほ》に、各新聞社《かくしんぶんしゃ》はいっせいに号外《ごうがい》を出《だ》した

大学《だいがく》を出《で》ていない戦後《せんご》ただひとりの総理大臣《そうりだいじん》

田中角栄《たなかかくえい》は、1972～74（昭和《しょうわ》47～49）年《ねん》の間《あいだ》、総理大臣《そうりだいじん》をつとめた政治家《せいじか》です。新潟県《にいがたけん》の貧《まず》しい農家《のうか》に生《う》まれ、*高等小学校《こうとうしょうがっこう》を卒業後《そつぎょうご》、東京《とうきょう》で働《はたら》きながら専門校《せんもんこう》（現在《げんざい》の専門学校《せんもんがっこう》）で建設《けんせつ》の勉強《べんきょう》をしました。

田中角栄《たなかかくえい》（1918～1993年《ねん》）
新潟県《にいがたけん》生《う》まれ。64・65代《だい》の内閣総理大臣《ないかくそうりだいじん》（通算在職日数《つうさんざいしょくにっすう》886日《にち》）。日中共同声明《にっちゅうきょうどうせいめい》を発表《はっぴょう》し、中国《ちゅうごく》との友好関係《ゆうこうかんけい》を確立《かくりつ》。日本列島《にほんれっとう》改造論《かいぞうろん》をとなえた。自分自身《じぶんじしん》の金脈問題《きんみゃくもんだい》で辞職《じしょく》。のちにロッキード事件《じけん》で逮捕《たいほ》。

写真：すべて朝日新聞社

周恩来《しゅうおんらい》（1898～1976年《ねん》）

中華人民共和国《ちゅうかじんみんきょうわこく》の政治家《せいじか》。中華人民共和国《ちゅうかじんみんきょうわこく》が成立《せいりつ》した1949年以降《ねんいこう》、国家主席《こっかしゅせき》などをつとめた毛沢東《もうたくとう》のもと、亡《な》くなるまで首相《しゅしょう》（国務院総理《こくむいんそうり》）として活躍《かつやく》した。

誰《だれ》からも尊敬《そんけい》された、中国《ちゅうごく》の首相《しゅしょう》

周恩来《しゅうおんらい》

日本《にほん》との国交回復《こっこうかいふく》に動《うご》いた中国側《ちゅうごくがわ》の代表《だいひょう》

日中戦争《にっちゅうせんそう》（→22ページ）後《ご》、日本《にほん》と中国《ちゅうごく》は正式《せいしき》な国交《こっこう》がありませんでした。この問題《もんだい》を解決《かいけつ》すべく、1972（昭和《しょうわ》47）年《ねん》9月《がつ》に当時《とうじ》の総理大臣《そうりだいじん》・田中《たなか》角栄《かくえい》が中国《ちゅうごく》を訪問《ほうもん》します。この時《とき》、角栄《かくえい》を出迎《でむか》えたのが、首相《しゅしょう》の周恩来《しゅうおんらい》です。

▲中国《ちゅうごく》を訪問《ほうもん》した田中角栄《たなかかくえい》(左《ひだり》)を歓迎《かんげい》する周恩来《しゅうおんらい》

権力《けんりょく》を欲《ほ》しがらなかった

周恩来《しゅうおんらい》は戦前《せんぜん》に日本《にほん》やフランスに留学《りゅうがく》し、やがて新《あたら》しい中国《ちゅうごく》をつくる活動《かつどう》に取《と》り組《く》みます。そして、1949年《ねん》に成立《せいりつ》した中華人民共和国《ちゅうかじんみんきょうわこく》では、国《くに》の最高指導者《さいこうしどうしゃ》・毛沢東《もうたくとう》に次《つ》ぐ、首相《しゅしょう》の地位《ちい》に就《つ》きました。毛沢東政権《もうたくとうせいけん》では多《おお》くの政治家《せいじか》が失脚《しっきゃく》しましたが、気品《きひん》と知性《ちせい》があり、権力《けんりょく》を欲《ほ》しがらない周恩来《しゅうおんらい》は誰《だれ》からも尊敬《そんけい》され、失脚《しっきゃく》することはありませんでした。

総理《そうり》になったばかりの頃《ころ》は大人気《だいにんき》

戦後《せんご》、28歳《さい》で衆議院議員《しゅうぎいんぎいん》に当選後《とうせんご》、角栄《かくえい》は54歳《さい》で総理大臣《そうりだいじん》になりました。貧《まず》しい生《う》まれから国《くに》のトップになったこと、人《ひと》の気《き》持《も》ちをつかむのが上手《じょうず》だったことから、戦《せん》国時代《ごくじだい》に太閤《たいこう》と呼《よ》ばれた武将《ぶしょう》・豊臣秀吉《とよとみひでよし》にちなみ、「今太閤《いまたいこう》」と呼《よ》ばれ、大人気《だいにんき》でした。

いいことも、悪《わる》いこともした

総理大臣《そうりだいじん》としての大《おお》きな仕事《しごと》は、中国《ちゅうごく》との国交回復《こっこうかいふく》に取《と》り組《く》んだことです（→170ページ）。また、国土《こくど》の開発《かいはつ》を積極的《せっきょくてき》に進《すす》める政策《せいさく》を行《おこな》いましたが、地位《ちい》を利用《りよう》して自分《じぶん》のお金《かね》を増《ふ》やしたことなどが明《あか》るみに出《で》て、総理大臣《そうりだいじん》を辞職《じしょく》しました。その後《ご》、アメリカの航空機《こうくうき》メーカー・ロッキード社《しゃ》の航空機購入《こうくうきこうにゅう》をめぐって、不正《ふせい》な大金《たいきん》を受《う》け取《と》った（ロッキード事件《じけん》）ことで逮《たい》捕《ほ》されました。

＊高等小学校《こうとうしょうがっこう》＝戦前《せんぜん》にあった学校《がっこう》。10～14歳《さい》の子《こ》どもが通《かよ》った

4

戦後《せんご》 ウンチク こぼれ話《ばなし》

【優秀《ゆうしゅう》で働《はたら》き者《もの》だったマッカーサー】

終戦後《しゅうせんご》すぐ、GHQ《ジーエイチキュー》（連合国軍最高司令官総司令部《れんごうこくぐんさいこうしれいかんそうしれいぶ》）の最高司令官《さいこうしれいかん》として日本《にほん》にやってきたダグラス・マッカーサー（→58ページ）。彼《かれ》は若《わか》い頃《ころ》から文武両道《ぶんぶりょうどう》で知《し》られ、アメリカの陸軍士官学校《りくぐんしかんがっこう》を卒業《そつぎょう》する時《とき》の成績《せいせき》はトップでした。スポーツも得意《とくい》で、野球《やきゅう》ではショートを守《まも》り、アメリカンフットボールでは、花形《はながた》のクオーターバックをつとめています。日本《にほん》に滞在中《たいざいちゅう》はとても働《はたら》き者《もの》で、日曜日《にちようび》も休《やす》むことなく仕事《しごと》をしていました。

▲東京《とうきょう》・日比谷《ひびや》の第一生命館《だいいちせいめいかん》（現《げん》・DN《ディーエヌ》タワー21）にあるマッカーサーの執務室《しつむしつ》

写真：すべて朝日新聞社

【吉田茂《よしだしげる》と白洲次郎《しらすじろう》】

日本《にほん》の戦後政治《せんごせいじ》を築《きず》いた45・48～51代《だい》の内閣総理大臣《ないかくそうりだいじん》・吉田茂《よしだしげる》（→107ページ）と、彼《かれ》の片腕《かたうで》として働《はたら》いた白洲次郎《しらすじろう》（→107ページ）。ふたりは戦前《せんぜん》に互《たが》いの妻《つま》のふるさとが一緒《いっしょ》だったことがきっかけで知《し》り合《あ》い、イギリスのロンドンで親《した》しくなりました。出張《しゅっちょう》のたびに、駐《ちゅう》イギリス大使《たいし》だった吉田《よしだ》のもとを訪《おとず》れた白洲《しらす》は、24歳《さい》も上《うえ》の吉田《よしだ》に対《たい》して「バカヤロウ」「コンチクショウ」と怒鳴《どな》り合《あ》いながらビリヤードを楽《たの》しんでいたそうです。

【さすが、長嶋茂雄《ながしましげお》！】

プロ野球《やきゅう》・東京読売巨人軍《とうきょうよみうりきょじんぐん》で活躍《かつやく》した長嶋茂雄《ながしましげお》は、昭和《しょうわ》を代表《だいひょう》するヒーローのひとりです。チャンスや大《おお》きな試合《しあい》に強《つよ》く、「記録《きろく》より記憶《きおく》に残《のこ》る選手《せんしゅ》」ともいわれています。

そんな長嶋《ながしま》が大活躍《だいかつやく》したのが、昭和天皇《しょうわてんのう》が初《はじ》めてプロ野球《やきゅう》を観戦《かんせん》した、1959（昭和《しょうわ》34）年《ねん》6月《がつ》の＊「天覧試合《てんらんじあい》」。巨人対阪神《きょじんたいはんしん》の「伝統《でんとう》の一戦《いっせん》」で、サヨナラホームランを打《う》ち、日本中《にほんじゅう》をわかせました。

◀プロ野球《やきゅう》を観戦《かんせん》する昭和天皇《しょうわてんのう》（右《みぎ》）

▶天覧試合《てんらんじあい》でサヨナラホームランを打《う》った長嶋茂雄《ながしましげお》

＊天覧試合《てんらんじあい》＝天皇《てんのう》が見《み》る試合《しあい》

【昭和《しょうわ》に大流行《だいりゅうこう》したおもちゃ】

戦後《せんご》から現代《げんだい》にいたるまで、たくさんのおもちゃが流行《りゅうこう》しました。その中《なか》でも、代《だい》表的《ひょうてき》なものを紹介《しょうかい》しましょう。

▲ダッコちゃん：1960（昭和《しょうわ》35）年《ねん》に発売後《はつばいご》、品切《しなぎ》れになるほど大流行《だいりゅうこう》。空気《くうき》を入《い》れてふくらませるビニール人形《にんぎょう》で、うでにつけて歩《ある》くのがはやった

▼アメリカンクラッカー：1971（昭和《しょうわ》46）年《ねん》３月頃《がつごろ》に流行《りゅうこう》。しかし、うるさい、玉《たま》が当《あ》たってケガをしたといった苦情《くじょう》が相次《あいつ》ぎ、あっという間《ま》に下火《したび》になった

▼ルービックキューブ：ハンガリーの学《がく》者《しゃ》が考案《こうあん》したパズルで、日本《にほん》では1980（昭和《しょうわ》55）年《ねん》に発売《はつばい》。今《いま》も人気《にんき》で、大会《たいかい》などが行《おこな》われている

▶なめ猫《ねこ》：1980年代初《ねんだいはじ》めにポスターやカードのキャラクターとして大流行《だいりゅうこう》。「なめんなよ」が決《き》めぜりふ

【なぞの野球《やきゅう》ボール】

2012（平成《へいせい》24）年《ねん》7月《がつ》、東京《とうきょう》タワーの地上《ちじょう》306ｍにあるアンテナの支柱《しちゅう》を取《と》り換《か》えていたところ、支柱《しちゅう》の中《なか》から軟式《なんしき》の野球《やきゅう》ボールが見《み》つかりました。支柱《しちゅう》の交換《こうかん》は初《はじ》めてなため、どうやら50年以上前《ねんいじょうまえ》に建《けん》設《せつ》された当時《とうじ》からあったようです。だれがボールを入《い》れたのか？　なぞは解《と》けないままです。ボールは現在《げんざい》、東《とう》京《きょう》タワーの展望台《てんぼうだい》に展《てん》示《じ》されています。

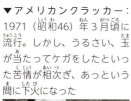

昭和《しょうわ》時代《じだい》～平成《へいせい》時代《じだい》年表《ねんぴょう》

昭和時代《しょうわじだい》

１９２７年《ねん》	金融恐慌《きんゆうきょうこう》が始《はじ》まる
１９３１年《ねん》	満州事変《まんしゅうじへん》（～１９３３年《ねん》。満州《まんしゅう》で起《お》きた日本軍《にほんぐん》と中国軍《ちゅうごくぐん》の武力衝突《ぶりょくしょうとつ》）
１９３２年《ねん》	五・一五事件《ごいちごじけん》（海軍《かいぐん》の青年将校《せいねんしょうこう》らによる反乱事件《はんらんじけん》）
１９３３年《ねん》	国際連盟《こくさいれんめい》を脱退《だったい》する
１９３６年《ねん》	二・二六事件《ににろくじけん》（陸軍《りくぐん》の青年将校《せいねんしょうこう》らによるクーデター未遂事件《みすいじけん》）
１９３７年《ねん》	日中戦争《にっちゅうせんそう》が始《はじ》まる（～１９４５年《ねん》）
１９３９年《ねん》	第《だい》２次世界大戦《じせかいたいせん》が始《はじ》まる（～１９４５年《ねん》）
１９４１年《ねん》	太平洋戦争《たいへいようせんそう》が始《はじ》まる（～１９４５年《ねん》。日本《にほん》と、アメリカをはじめとする連合国《れんごうこく》との戦争《せんそう》）
１９４５年《ねん》	東京大空襲《とうきょうだいくうしゅう》。広島《ひろしま》・長崎《ながさき》に原爆《げんばく》を落《お》とされる。ポツダム宣言《せんげん》を受《う》け入《い》れ、日本《にほん》が降伏《こうふく》する
	ＧＨＱ《ジーエイチキュー》の占領《せんりょう》のもと、日本《にほん》の戦後復興《せんごふっこう》が始《はじ》まる
１９４６年《ねん》	極東国際軍事裁判《きょくとうこくさいぐんじさいばん》（東京裁判《とうきょうさいばん》。～１９４８年《ねん》）。日本国憲法《にほんこくけんぽう》が公布《こうふ》される（翌年施行《よくねんしこう》）
１９５１年《ねん》	サンフランシスコ平和条約《へいわじょうやく》が結《むす》ばれる（翌年発効《よくねんはっこう》し、日本《にほん》が独立《どくりつ》を回復《かいふく》）

時代	年	出来事
		日米安全保障条約《にちべいあんぜんほしょうじょうやく》が結《むす》ばれる（翌年発効《よくねんはっこう》）
	1956年《ねん》	日《にっ》ソ共同宣言《きょうどうせんげん》（日本《にほん》とソ連《れん》〈現在《げんざい》のロシアなど〉の国交回復《こっこうかいふく》）。国際連合《こくさいれんごう》に加盟《かめい》する
	1958年《ねん》	東京《とうきょう》タワーが開業《かいぎょう》する
	1964年《ねん》	夏季《かき》オリンピックが東京《とうきょう》で開催《かいさい》（東京《とうきょう》オリンピック）
	1970年《ねん》	日本万国博覧会《にほんばんこくはくらんかい》（大阪万博《おおさかばんぱく》）が開《ひら》かれる
	1972年《ねん》	沖縄《おきなわ》が日本《にほん》に復帰《ふっき》する。日中共同声明《にっちゅうきょうどうせいめい》
	1978年《ねん》	日中平和友好条約《にっちゅうへいわゆうこうじょうやく》が結《むす》ばれる（日本《にほん》と中国《ちゅうごく》の国交回復《こっこうかいふく》）
平成時代《へいせいじだい》	1991年《ねん》	この頃《ころ》、バブル経済《けいざい》が崩壊《ほうかい》する
	1995年《ねん》	阪神《はんしん》・淡路大震災《あわじだいしんさい》
	2002年《ねん》	日本《にほん》と韓国《かんこく》で2002FIFA《フィファ》ワールドカップ（サッカー）を共催《きょうさい》
	2011年《ねん》	東日本大震災《ひがしにほんだいしんさい》
	2012年《ねん》	東京《とうきょう》スカイツリーが開業《かいぎょう》する
	2013年《ねん》	2020年《ねん》の夏季《かき》オリンピックの開催地《かいさいち》が東京《とうきょう》に決定《けってい》

監修	河合敦
編集デスク	大宮耕一、橋田真琴
編集スタッフ	泉ひろえ、河西久実、庄野勢津子、十枝慶二、中原崇
シナリオ	河西久実
着彩協力	合同会社スリーペンズ（chimaki、宮崎薫里絵）
コラムイラスト	相馬哲也、横山みゆき、かんばこうじ
参考文献	『早わかり日本史』河合敦著 日本実業出版社／『詳説 日本史研究 改訂版』佐藤信・五味文彦・高埜利彦・鳥海靖編 山川出版社／『伝えたい昭和のくらし 戦中と戦後』昭和館／『戦中・戦後のくらし 昭和館』昭和館／『新訂 資料カラー歴史』浜島書店／『ニューワイドずかん百科 ビジュアル日本の歴史』学習研究社／『21 世紀こども百科 歴史館 増補版』小学館／「週刊マンガ日本史 改訂版」95、98、99 号 朝日新聞出版／「週刊しゃかぽん」46、50 号 朝日新聞社／「週刊昭和」1、2、5、22、23、24 号 朝日新聞出版／「週刊二十世紀」2、3、21 号 朝日新聞社

※本シリーズのマンガは、史実をもとに脚色を加えて構成しています。

戦《せん》後《ご》へタイムワープ

2018年 3 月30日　第 1 刷発行
2022年 2 月20日　第 7 刷発行

著　者　マンガ：もとじろう／ストーリー：チーム・ガリレオ
発行者　橋田真琴
発行所　朝日新聞出版
〒104-8011
東京都中央区築地5-3-2
編集　生活・文化編集部
電話　03-5540-7015（編集）
03-5540-7793（販売）

印刷所　株式会社リーブルテック

ISBN978-4-02-331674-4
本書は 2017 年刊『戦後のサバイバル』を増補改訂し、改題したものです

本《ほん》の感想《かんそう》や知《し》ったことを書《か》いておこう。